DUDEN

Sprachbuch 3

Herausgegeben von
Professor Dr. Hartmut Günther

Erarbeitet von
Helga Eichhoff, Gundula Feller,
Birgit Helfrich, Ellen Kuhrt,
Imke Quent, Simone Scheuer,
Annette Scholing-Grunert

DUDEN PAETEC Schulbuchverlag
Berlin, Frankfurt a. M.

Inhaltsverzeichnis

Partnerarbeit
Gruppenarbeit
Abschreiben
Nachschlagen
Schau nach

Partnerdiktat

Schleichdiktat

Fragediktat

- festigende Aufgaben
- Grundaufgaben
- Aufgaben mit erhöhtem Schwierigkeitsgrad
- Knobelaufgaben/hoher Schwierigkeitsgrad
- Duden-Karten

Los geht's

1 Was bereiten die Kinder auf dem Bild vor? Erzähle.

2 Erkennst du einige der Kinder wieder?

3 Was haben die Zwillinge Felix und Oskar vor?

4 Suche Wörter für ein Ferien-Abc.

5 Finde etwas heraus über einen Ferienort, der dich interessiert.
Wie informierst du dich?

Wörter finden und ordnen

Vogel | Ameise | Maus | Qualle | Fisch | Tiger | Ente | Bär | Gans | Hase

1 Ordne die Nomen nach dem Abc. Schreibe so: Ameise, …

Spatz | Strauß | Storch | Spinne | Specht | Steinadler | Sperling | Stier

2 Ordne die Nomen nach dem Abc. Schreibe so: Spatz, …

du springst | ich schreibe | er erzählt | sie fährt | ich sammle

3 Schlage die Verben nach. Schreibe sie in der Grundform auf: springen, …

die Bälle | die Schwäne | die Gläser | die Plätze | die Bücher

4 Schreibe die Nomen so auf, wie sie in der Wörterliste stehen: der Ball – die Bälle, …

5 Zerlege die zusammengesetzten Nomen und suche sie dann in der Wörterliste. Schreibe so: der See, der Stern – der Seestern, …

Silben mit kurzen und langen Selbstlauten

Regen	Palme	Blume	Schwalbe	Kino	Kasten
Wagen	Stempel	Schule	Tafel	Stunde	Schalter

1. Sprich die Wörter in Silben und klatsche dazu.

2. Schreibe die Wörter in eine Tabelle. Schreibe so:

Die erste Silbe endet mit einem Selbstlaut: Selbstlaut ist lang.	Die erste Silbe endet mit einem Mitlaut: Selbstlaut ist kurz.
Regen	Palme

3. Setze die Silben zu Wörtern zusammen und schreibe sie auf.
4. Überprüfe den Selbstlaut der ersten Silbe: Ist er lang oder kurz?
5. Einige Wörter haben einen doppelten Mitlaut. Warum? Schreibe die doppelten Mitlaute farbig nach.

6. Schreibe diese Wörter richtig auf: Hammer, …
7. Finde zu einigen Wörtern Reimwörter: Hammer – Kammer, …

Texte richtig abschreiben

W

Ausstellung
Eintrittskarte
Fahne
Ferien
Holz
mitbringen
Muschel
Spinne
Strand
Stück
zeigen
Zucker

Tipps für gute Abschreiber

Lies einen ganzen Satz.

Teile ihn in Abschnitte ein, die du dir merken kannst.
Achte auf schwierige Stellen.

Lies den ersten Abschnitt und merke ihn dir.

Schreibe den Abschnitt aus dem Gedächtnis auf.
Mache es mit den übrigen Abschnitten ebenso.

Überprüfe Wort für Wort und verbessere deine Fehler.

1. Schreibe den Abschreibtext von Seite 9 so ab.
2. Schreibe die Wörter mit *st* und *sp* aus dem Wörterkasten ab: Ausstellung, …
3. Schreibe *st* und *sp* farbig nach.

4. Schreibe mehr Wörter mit *st* und *sp* auf. Die Wörterliste hilft dir.

Nach den Ferien

Alle Kinder dürfen am ersten Schultag etwas aus den Ferien mitbringen. Felix hat eine schöne Muschel und Niko zeigt ein Holzstück vom Strand. Toms Zucker kommt aus Italien. Die Eintrittskarte vom Freibad gehört Leni. Die Kinder wollen eine Ausstellung vorbereiten.

1. Schreibe alle Nomen mit Artikel auf: die Ferien, …

2. Zu welchem Nomen kann man keine Einzahl bilden?

3. Suche die Verben heraus und schreibe sie in der Grundform auf: dürfen, …

4. Schaue in den gelben Seiten nach, was ein Artikel ist. Schreibe die Erklärung auf.

Insel	Camping	Italien	Computer	Irland	Comic	Holland	Hund

5. Ordne die Nomen nach dem Abc. Schreibe so: Camping, …

6. Schreibe Ferienwörter auf, die du unter *e* und *f* in der Wörterliste findest.

7. Schreibe die Wörter richtig auf: Koffer, …

8. Schreibe einen Satz mit einigen dieser Wörter.

Ich und wir

1. Erkläre die Gesprächsregeln der Kinder.
2. Welche Regeln könnten die Kinder noch aufschreiben?

1. Die Klasse 3 spricht jeden Montag über wichtige Angelegenheiten. Wie gehen die Kinder dabei vor?

2. Warum hält Niko die große Uhr auf dem Schoß?

3. Sprecht ihr auch über Klassenangelegenheiten? Gibt es auch bei euch dazu Regeln?

Miteinander sprechen

1. Spielt das Gespräch nach.
2. Alina und Peter haben ein Problem. Welches?
3. Warum finden sie keine Lösung?
4. Welche Tipps würdet ihr ihnen geben, damit sie besser zu einer Lösung finden können?
5. Spielt das Gespräch mit euren Tipps nach.

Wir reden freundlich miteinander.

Wir bleiben beim Thema.

6. Die Klasse hat sich zwei weitere Regeln überlegt. Was haltet ihr davon?
7. Welche Regeln sind für eure Klasse wichtig?

Mitteilungen aufschreiben

Die sind gemein.
Nie kriege ich den Ball.

Immer haben in der Pause die Jungs den Ball.
Das finde ich total ungerecht.
Ich will auch mal mit dem Ball spielen.

2. September

Wir sollten eine Regel für die Pausenspiele suchen, damit alle mal mit dem Ball spielen können.

2. September — Paul

1. In allen Mitteilungen geht es um die gleiche Sache. Worin unterscheiden sie sich?
2. Was ist wichtig, damit man eine Mitteilung gut versteht?
3. Schreibe eine Mitteilung an deine Klasse. Diese Satzanfänge können dir helfen:

   Ich wünsche mir, dass … Ich schlage vor, dass …
   Ich finde es gut, dass …

montagskreis vom 24. september
der fischdienst wird jede woche gewechselt.
wir hängen eine liste auf.
dort tragen wir die namen ein.
alina und betül sind ab heute dran.
am montag wird gewechselt. — laura

4. Laura hat aufgeschrieben, was im Montagskreis beschlossen wurde. Worauf hat sie nicht geachtet?
5. Schreibe den Text richtig auf.
6. Schreibe mindestens fünf Nomen von dieser Seite in der Einzahl und in der Mehrzahl mit Artikel auf. Schreibe so:

Einzahl	Mehrzahl
der Ball	die Bälle

Fehler finden

1 Peter möchte die Klassenregel über das Stoppzeichen auf ein Plakat schreiben. Er schreibt den Text zuerst auf ein Blatt, um die Fehler zu finden. Warum ist es Peter wichtig, diesen Text fehlerfrei zu schreiben?

Unser Klassenvertrag

Wir wolen Striet vermeiden,
deshalb halten wir uns alle an das Stoppzeichen.
Wenn jemand zum Beispeil nicht gekitzelt werden möchte,
sagt er laut: „Nein!“ Dabei streckt er die Hant zum Stoppzeichen aus.
Dann muss der andere sofort aufhren.
Das gilt auch für Spaßkämpfe und solche Sahcen.
Alle, die hier unerschreiben, wollen diesen Vertrag einhaltn.

Fehler finden

- Lies den Text langsam Wort für Wort. *Unser Klassenvertrag ...*
- Lies den Text rückwärts. *einhalten Vertrag ...*
- Lies den Text in Silben (Robotersprache). *Un ser Klas sen ver trag ...*

2 Finde so die acht Fehlerwörter.

3 Schreibe Peters Text richtig auf.

Wörter üben

W

Briefkasten
fähig
Fehler
gefallen
Klassenpost
Klassenvertrag
Mitteilung
peinlich
stecken
verstehen
vertragen
zusammen

1 Wie übt Lexi das Wort *Klassenvertrag?*

Wörter üben	
• Schreibe schwierige Stellen farbig nach.	Klassenvertrag
• Schreibe das Wort mit Silbenbögen auf.	Klassenvertrag
• Schreibe das Wort in Geheimschrift.	|||||||||||||||
• Buchstabiere das Wort.	K l a s s e n v e r t r a g
• Schreibe einen Satz mit dem Wort.	Mit dem Klassenvertrag vertragen wir uns besser.
• Experimentiere mit dem Wort.	Klassenvertrag – sich in der Klasse vertragen

2 Übe so die Wörter aus dem Wörterkasten.

3 Überlege dir drei Nomen. Schreibe zu jedem Nomen einen Satz.

4 Lies deine Sätze in Silben und suche nach Fehlern.

5 Schlage die Wörter nach, bei denen du dir nicht sicher bist. 

Wörtertürme

Heute ist Niko im Mittelpunkt der Klasse. Viele Kinder machen ihm Komplimente.

1 Weißt du, was ein Kompliment ist? Erkläre es.

2 Was denkst du: Wie fühlt sich Niko nach den vielen Komplimenten von seinen Klassenkameraden?

NINA IN MATHE GEHOLFEN
INGO FAIR BEIM FUSSBALL BEHANDELT
KLAVIER FREIWILLIG GEÜBT
OHNE ERINNERUNG DIE HAUSAUFGABEN NOTIERT

LUSTIG
INTERESSIERT
SPORTLICH
AUFMERKSAM

Lisa und Niko schreiben die Komplimente als Wörterturm auf.

3 Schreibe einen Wörterturm zu deinem Namen.

Info

Gedichte, die wie Wörtertürme aufgebaut sind, gibt es schon seit über 3000 Jahren.
Die Griechen nannten sie Akrostichon.

1 Paul und Laura machen ein Partnerdiktat. Warum sagt Paul HALT?

Partnerdiktat mit HALT

- Schreibt ein Partnerdiktat.
- Schaut schon beim Schreiben, ob euer Partner richtig schreibt.
- Wenn ihr einen Fehler seht, sagt ihr leise HALT.
- Kommt dein Partner nicht von allein auf die richtige Schreibweise, gib ihm Tipps.

Briefkasten ist ein Nomen.

Klassenpost
In den Briefkasten für die Klassenpost stecken wir unsere Mitteilungen. Wir schreiben auf, was uns gefällt oder was uns stört. Einmal in der Woche holen wir alle Mitteilungen heraus und sprechen darüber. Manchmal sind die Zettel aber nur schwer zu lesen und zu verstehen.

2 Schreibt den Text als Partnerdiktat.

3 Lies deinen Text rückwärts und suche Fehler.

4 Lies ihn jetzt noch einmal vorwärts in Silben.

5 Unterstreiche alle Nomen in deinem Abschreibtext.
Schreibe sie mit dem unbestimmten Artikel auf.

6 Finde Wörter mit *pf* und Wörter mit *f* am Wortanfang.
Schreibe Spaßsätze auf: Fünf Pferde pfeifen fürchterlich falsch.

Fit und fair

1 Schau dir das Bild an und erzähle.

2 Was verstehst du unter fairem und unfairem Verhalten?

3 Fit sein – was ist das?

4 Welche Sportarten magst du gerne? Warum?

Über Rechtschreibung sprechen

Duden-Karten

Bei vielen Wörtern findest du durch Verlängern heraus, wie sie geschrieben werden.

Nach kurzem Selbstlaut in der ersten Silbe musst du einen einzelnen Mitlaut verdoppeln.

Wörter einer Wortfamilie haben denselben Wortstamm. Du schreibst ihn immer gleich.

Satzanfänge und Nomen schreibst du groß.

Bei manchen Wörtern musst du auswendig wissen, wie du sie schreibst. Es sind Merkwörter.

schläft | Blätter | schlank | Vorbild | Foul

1 Sprecht mithilfe der Duden-Karten über die Wörter.

Verwandte Wörter

1 Suche die Wortpaare, die zu einer Wortfamilie gehören.
Schreibe so: laufen – Läufer, …

2 Kreise den Wortstamm in allen Wörtern ein. Was fällt dir auf?

Merke

Wörter einer **Wortfamilie** haben denselben Wortstamm.
Sie sind **verwandte Wörter.** Manchmal kann sich der Selbstlaut oder Umlaut im Wortstamm ändern: *a* wird zu *ä* und *au* wird zu *äu.*
- Fahrt – sie fährt, Schutz – schützen, Traum – träumen

3 Schreibe Wörter zur Wortfamilie *zählen.* Kreise den Wortstamm ein.

das Schil_	dursti_	es blin_t	sie trä_t	gesun_
die Fruch_	das Turngerä_	safti_	er trin_t	der Sie_

4 Welche Buchstaben fehlen? Schreibe so: das Schild – die Schilder, …

Gestan_

5 Finde heraus, wie man das Wort schreibt.

Rezept für Obstspieße

- Zutaten: Obst, etwas Schokolade
- Du brauchst außerdem: einen kleinen Topf und einen Löffel.

möglichst frisches Obst verwenden

Obst schälen oder waschen

Obst in etwa gleiche Stücke schneiden

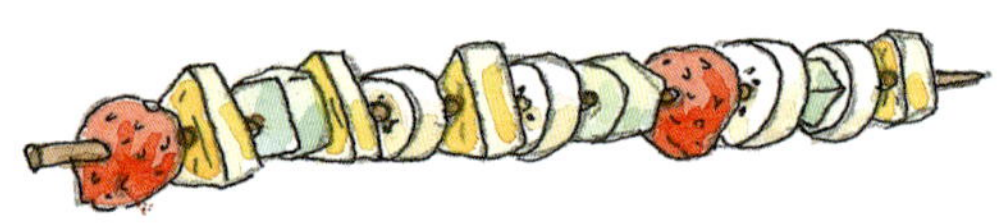

Obststücke abwechselnd auf den Holzspieß stecken

Schokolade schmelzen, flüssige Schokolade mit einem Löffel über den Spieß fließen lassen

1. Erkläre, wie du die Obstspieße zubereitest.

2. Schreibe das Rezept für die Obstspieße auf.
   Schreibe so: Zuerst nehme ich …

3. Schreibe die Verben in der *ich*-Form und in der *du*-Form auf:
   verwenden – ich verwende – du verwendest, …

4. Überprüfe die Verben mit der Wörterliste.

Adjektive vor Nomen

der saftige Apfel

ein saftiges Äpfelchen

ein saftiger Apfel

die saftigen Äpfel

1 Wie heißt die Grundform des Adjektivs?

2 Wie verändert es sich?

W

Ernährung
essen
Fahrrad
fair
Fußball
hoch
lecker
Mannschaft
Obst
Sport
Sportverein
Weitsprung

3 Setze ein Adjektiv vor jede Obst- und Gemüsesorte aus dem Korb.
Schreibe so: die rote Paprika, …

4 Schreibe die Endungen der Adjektive farbig nach.

Merke

Wenn Adjektive vor einem Nomen stehen, haben sie immer eine Endung. Endungen sind: *e, em, en, er, es.*
- lecker**es** Obst, rot**e** Kirschen, mit frisch**em** Obst

5 Überlege dir fünf Nomen. Setze verschiedene Adjektive davor.
Schreibe so: süßes, leckeres, saftiges, knackiges Gemüse, …

Zusammengesetzte Nomen

1 Womit spielen die Kinder?
Schreibe die zusammengesetzten Nomen mit Artikel auf.

2 Vergleiche die Wörter. Was bleibt gleich?

3 Betrachte nun den ersten Teil der Wörter. Was verändert er?

Merke

Zusammengesetzte Nomen bestehen aus dem **Bestimmungswort** und dem **Grundwort.** Das Bestimmungswort steht zuerst. Es macht das Grundwort genauer. Der Artikel richtet sich nach dem Grundwort.

- die Hand, der Ball – der Handball,
- der Baum, das Haus – das Baumhaus

4 Ein Kind hat einen Hüpfball.
Was ist bei diesem Wort anders?

das Wasser – der Ski	schwimmen – das Becken	weit – der Sprung
der Fußball – das Feld	der Verein – das Haus	schlagen – der Ball

5 Bilde zusammengesetzte Nomen und schreibe sie auf.
Achtung! Bei einem Wort musst du ein Binde-*s* einsetzen.

Richtig oder falsch ???

eklig	sie leuft	der Ausfluk	wütend

1 Sind die Wörter richtig oder falsch geschrieben?
Begründe es mit den Duden-Karten.

2 Schreibe alle Wörter richtig auf. Überprüfe sie mit der Wörterliste.

Fit und fair
In einer Spielgruppe oder einem Sportverein macht Sport besonders viel Spaß. Man kann laufen, springen, Rad fahren, Fußball, Tennis oder Handball spielen. Auch beim Schulsport ist richtige Ernährung wichtig. Leckeres Obst und frisches Gemüse sind gesund und machen fit. Frisches Trinkwasser löscht den Durst besonders gut.

Fragediktat

- Bildet eine Gruppe.
- Ein Kind diktiert den Text Satz für Satz.
- Nach jedem Satz könnt ihr nach einem Wort fragen, bei dem ihr nicht sicher seid.
- Das Kind, das diktiert, gibt nur Tipps, wie das Wort geschrieben wird: verlängern, verwandte Wörter suchen, …
- Jedes Kind überprüft seinen Text und verbessert Fehler. Sprecht dabei über eure Fehler.

3 Übt den Text als Fragediktat.

4 Finde alle zusammengesetzten Nomen.
Schreibe so: das Spiel, die Gruppe – die Spielgruppe, …

5 Setze vor jedes zusammengesetzte Nomen ein Adjektiv.
Schreibe so: die lustige Spielgruppe, …

6 Schreibe die Endungen farbig nach.

Detektive

1 Hier sind viele Detektive unterwegs. Was beobachten sie?

2 Suche dir einen Detektiv aus. Welchem Fall ist er auf der Spur?

3 Hast du schon einmal Detektiv gespielt? Erzähle davon.

1 Detektiv Jonas bearbeitet einen Fall über ein verschwundenes Fahrrad. Was hat er bisher herausgefunden?

2 Wie könnte es weitergehen?

Geschichten schreiben und besprechen

Mein erster Fall

Ich bekomme einen Anruf. Omas Hund ist entführt worden.
Dann mache ich mich auf den Weg und suche Spuren.
Dann sehe ich kleine Fußspuren.
Dann verfolge ich die Fußspuren.
Dann entdecke ich Omas Hund. Er schwimmt im Teich und jagt Enten.
Dann bringe ich ihn zu Oma zurück.

1. Klara hat eine Detektivgeschichte geschrieben, aber sie ist noch nicht zufrieden. Was stört sie?

2. Schreibe Klaras Geschichte spannender auf. Diese Satzanfänge können dir helfen:

Eines Morgens …	Aber …
Plötzlich …	Auf einmal …
Anschließend …	Später …
Da …	Danach …

Info

Das Wort *Detektiv* bedeutet „einer, der Geheimes aufdeckt". Der berühmteste aller Detektive, Sherlock Holmes, ist eine Erfindung des Autors Arthur Conan Doyle.

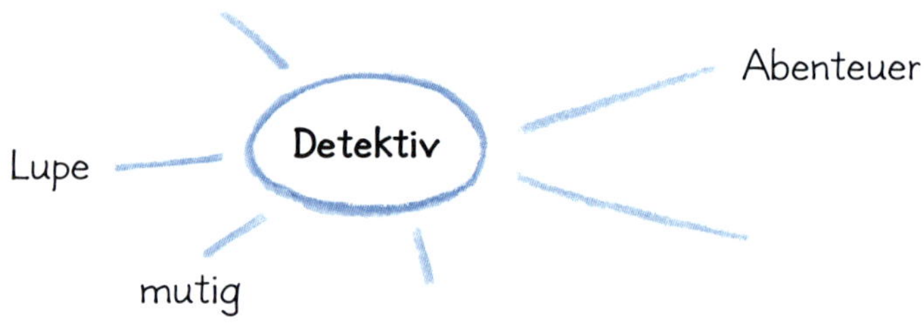

3. Detektive führen ein aufregendes Leben. Sammelt mehr Wörter für diese Ideensammlung.

4. Stell dir vor, du bist ein Detektiv. Was erlebst du?
Erfinde eine spannende Geschichte. Du kannst deine Geschichte auch am Computer schreiben.

5. Überlege dir eine passende Überschrift.

1 Lest euch eure Geschichten gegenseitig vor.
Habt ihr Tipps füreinander? Mit den Fragen auf den Schildern könnt ihr eure Geschichten untersuchen.

Merkwörter

schenquiet | fenpfei | retsalfP
hcstauQ | tigdächver | gnahroV

2 Entschlüssle die Geheimschrift. Schreibe die Wörter richtig auf.

3 Suche in der Wörterliste andere schwierige Wörter mit *v*, *qu* und *pf*. Schreibe sie in einer Geheimschrift auf.

4 Kann dein Partner deine Geheimschrift entschlüsseln?

Couch | Baby | Garage | Zucchini | Shampoo

5 Auch Fremdwörter erinnern manchmal an Geheimschrift.
Finde heraus, was zusammengehört. Schreibe so: 1 Baby, …

6 Suche dir Übungstipps von Seite 15 aus und übe die Wörter.

7 Findet diese Wörter in der Wörterliste.

Großschreibung

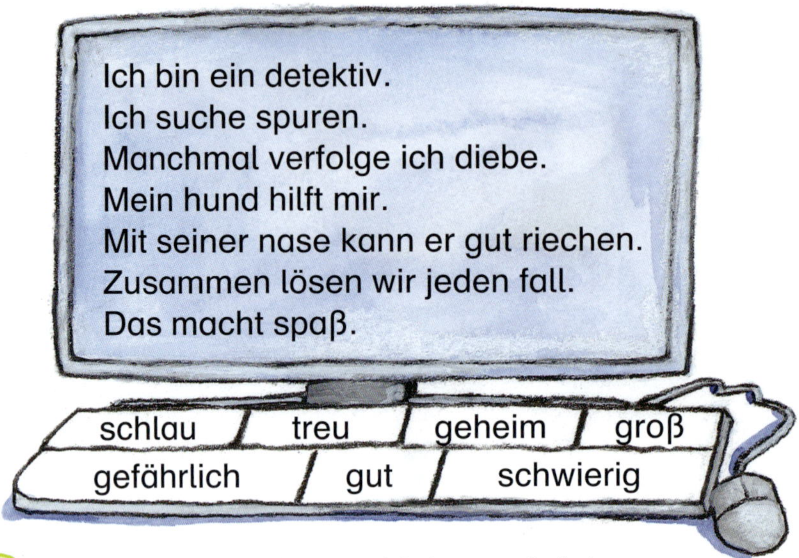

W

Detektiv
Dieb
Garage
geheim
knirschen
pfeifen
Pflaster
plötzlich
schleichen
Spur
verdächtig
verfolgen

Gg

1 Hier sind alle Nomen kleingeschrieben.
Finde die Nomen und setze Adjektive davor.

2 Schreibe den Text mit Adjektiven richtig auf.
Schreibe so: Ich bin ein schlauer Detektiv.

Der Detektiv schleicht durch den Wald.
Man hört nichts außer dem Knirschen
der Äste. Da entdeckt er den Dieb.
Das Rot seines Mantels hat ihn verraten.

3 Betrachte alle blauen Wörter.
Wie werden sie geschrieben – groß oder klein?

4 Schaue nun genauer hin. Zu welcher Wortart gehören sie?

5 Kannst du vor diese Wörter ein Adjektiv setzen? Probiere es aus.

Merke

Kannst du im Satz vor ein Wort ein Adjektiv setzen, so schreibe dieses Wort groß, auch wenn es kein Nomen ist.
Das Adjektiv muss eine Endung haben.
- Ich höre das **laute B**ellen des **großen H**undes.

Das flüstern der diebe ist kaum zu hören.
Sie wollen ihre beute verstecken.
Aber das bellen des hundes vertreibt sie.
Selbst diebe haben vor hunden angst.

1 Welche Adjektive kann man hier einsetzen? Sammelt Ideen.

2 Schreibe die Geschichte mit Adjektiven ab. Welche Wörter musst du großschreiben?

3 Unterstreiche die Adjektive grün. Schreibe die Endungen farbig nach.

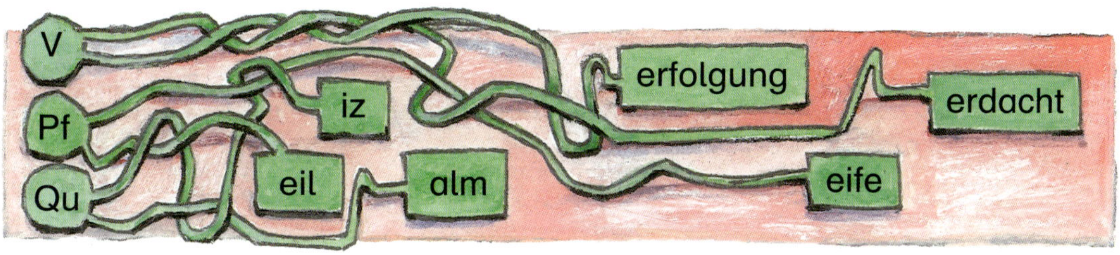

4 Verfolge die Spuren und schreibe die Wörter richtig auf.

5 Finde zu jedem Wort ein passendes Adjektiv.
Schreibe so: die große Pfeife, …

6 Suche dir drei Wörter aus und schreibe eine Frage, einen Aussagesatz und einen Aufforderungssatz.

Das unheimliche Geräusch
Paul gehört zu den Detektiven. Nach der Schule verfolgt er verdächtige Spuren. Mit seiner Lupe untersucht er sie sehr genau. Plötzlich hört er ein lautes Pfeifen. Es kommt aus der Garage. Leise schleicht er sich an. Was sich darin wohl verbirgt?

7 Schreibe die Geschichte weiter. Was verbirgt sich in der Garage?

Richtig oder falsch ???

8 Im Wörterkasten wird *pfeifen* kleingeschrieben.
Im Abschreibtext steht es aber groß. Findest du eine Erklärung?

Erfinden, planen, bauen

1. Schau dir das Bild genau an. Erzähle, was die Kinder vorhaben.
2. Welches Material und welche Werkzeuge verwenden sie?
3. Wie gehen sie vor? Beschreibe die Arbeitsschritte.

1 Stell dir vor, du wärst eines der Kinder.
Erzähle, was du auf dem Bild tust.

Wortbausteine

1. Schreibe auf, welche Wörter Paul aus den Bausteinen zusammenbauen kann: verarbeiten, Arbeiter, …

2. Rahme die Wortbausteine farbig ein. Kreise zuerst den Wortstamm ein. Schreibe so: Ver arbeit ung en, …

Merke

Aus **Wortbausteinen** können Wörter gebildet werden.
Es gibt vier Arten von Wortbausteinen:
Vorsilben, Wortstämme, Nachsilben und Endungen.

- Ver (Vorsilbe) arbeit (Stamm) ung (Nachsilbe) en (Endung)

3. Bilde aus den Bausteinen Wörter. Schreibe so: Leitung, …

4. Schreibe Sätze auf, in denen einige der Wörter vorkommen.

UMLEITUNG BESUCHERIN AUFBAUEN STEINCHEN

5. Schreibe die Wörter ab und rahme die Wortbausteine farbig ein. Schreibe so: Um leit ung, …

Berufe

der Maurer
der Zimmermann
der Baggerfahrer
der Kranführer
die Architektin
der Architekt

Viele Menschen arbeiten auf der Baustelle.

1 Schreibe auf, was die Menschen auf der Baustelle tun.
Schreibe so: Der Maurer mauert die Wände, …
Diese Ausdrücke können dir helfen:

den Dachstuhl bauen | das Haus planen und zeichnen
die Wände mauern | den Kran lenken | den Bagger fahren

Präpositionen

Lexi sitzt … dem Bauwagen.
Er steht … der Leiter.
Er hockt … der Schubkarre.
Er sitzt … dem Bagger.
Er versteckt sich … dem Maurer.
Er sitzt … den Steinen.

vor | hinter | auf
zwischen | in | neben

2 Schau das Bild von Aufgabe 1 genau an und suche Lexi. Erzähle, wo Lexi sich aufhält.

3 Schreibe die Sätze vollständig auf.

4 Schreibe noch mehr Sätze mit den Wörtern auf den Karten.

Ein Windrad bauen

Material:
5 lange Holzspieße 20 cm
1 Stück Wellpappe 15x20 cm
1 Korken
1 Trinkhalm

Werkzeug:
Schere

4 Flügel aus Wellpappe zurechtschneiden

Flügel ganz auf die Holzspieße aufstecken

Spieße mit Flügeln seitlich auf den Korken aufstecken

alle Flügel etwas in die gleiche Richtung kippen

den letzten Spieß als Haltespieß von hinten auf den Korken aufstecken

Trinkhalm als Gleitlager aufstecken

1 Stelle das Windrad her.

> Material:
> 5 lange Holzspieße 20 cm
> ...
>
> Werkzeug:
> Schere
> ...
>
> Zuerst schneide ich aus Wellpappe die Flügel zurecht. Anschließend ...

2 Schreibe die Bauanleitung in vollständigen Sätzen auf.

Diese Wörter können dir helfen: jetzt dann danach nun zuletzt

3 Gib deine Bauanleitung einem anderen Kind und stelle fest, ob es das Windrad danach bauen kann.

Großschreibung

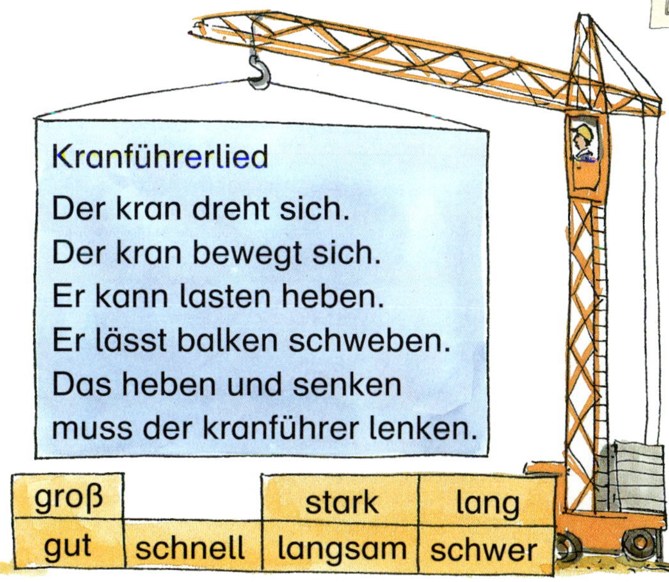

Kranführerlied

Der kran dreht sich.
Der kran bewegt sich.
Er kann lasten heben.
Er lässt balken schweben.
Das heben und senken
muss der kranführer lenken.

groß gut schnell stark langsam lang schwer

1 Finde heraus, welche Wörter du großschreiben musst. Die Adjektive helfen dir.

2 Schreibe das Kranführerlied mit Adjektiven richtig auf:
Der große Kran dreht sich.

Der Kran	Der Zimmermann
Der Kran,	Der Zimmermann
der Kran	Der Zimmermann
der Kran	Der Zimmermann
hebt die Lasten an.	guckt die Welt von oben an.

3 Schreibe die Treppengedichte vollständig auf.
Diese Adjektive können dir helfen:

gelb stark hoch

jung geschickt mutig

Der bagger fährt zur baustelle. Willi heißt der baggerfahrer. Willi schiebt den sand in die grube. Das rot des baggers ist seine lieblingsfarbe.

4 Finde heraus, vor welche Wörter du ein Adjektiv mit Endung setzen kannst.

5 Schreibe den Text richtig ab und beachte die Groß- und Kleinschreibung.

Wortfamilie *fahren*

VOR | VER | AB | FAHR | ER | UNG | EN

ER | GE | WEG | FÄHR | LICH | E | T

Auch Wörter mit FÄHR gehören zu dieser Wortfamilie. Der Wortbaustein FAHR oder FÄHR wird immer mit *h* geschrieben!

1. Bilde aus den Wortbausteinen Wörter, die zur Wortfamilie *fahren* gehören. Schreibe so: abfahren, …

2. Kreise den Wortstamm rot ein.

3. Suche noch mehr Wörter, die zur Wortfamilie *fahren* gehören.

Info

Vor fast 200 Jahren erfand Karl Friedrich Drais das erste Fahrrad, das er „Draisine“ nannte. Es war ein Laufrad: Um vorwärtszukommen, stieß Herr Drais sich mit den Füßen ab.

Wie schreibe ich eigentlich [Fahrrad]?

- Groß oder klein: Kannst du ein Adjektiv davorsetzen?
- Mit *h?* Überlege, wie der Wortstamm geschrieben wird.
- Wie viele *r?*

W

anschließend
Baumhaus
befestigen
Brett
Fahrrad
flechten
Hütte
Material
Wand
Werkzeug
Zweig
zwischen

4. Begründe, wie man das Wort schreibt.

Das Baumhaus

Laura baut mit Felix und Oskar ein Baumhaus in Opas Garten. Zuerst nageln sie den Boden aus alten Brettern fest. Dann flechten sie Wände aus Zweigen. Opa hilft ihnen das Dach zu bauen. Mit einer Leiter steigen die Kinder in ihr Baumhaus. Sie finden es gemütlich.

1 Schreibe die Nomen aus dem Text in der Einzahl und Mehrzahl auf: das Baumhaus – die Baumhäuser, …

2 Schreibe alle Verben aus dem Text in der Grundform auf: bauen, …

3 Suche dir fünf Nomen aus der Wörterliste aus. Begründe die Großschreibung, indem du zwischen Artikel und Nomen ein Adjektiv mit Endung setzt. Schreibe so: das schöne Baumhaus, …

SPIELCHEN | VORSPIELEN | SPIELERIN | ANSPIELUNG

4 Schreibe die Wörter ab und rahme die Wortbausteine farbig ein. Kreise zuerst den Wortstamm ein: SPIEL CHEN, …

GEFÄHRLICH

5 Wie gehen die Sätze in Pauls und Lauras Sprechblasen weiter?

6 Suche in der Wörterliste Wörter mit dem Wortbaustein *fahr* und schreibe sie auf: Fahrkarte, …

Medien

1. Was läuft gerade im Fernsehen?

2. Welche Sendung würdest du gerne sehen? Warum?

3. Was ist deine Lieblingssendung im Fernsehen?

Montag	Dienstag	Mittwoch
13.30 Comic Parade	13.15 Tom und Jerry	13.45 Donald Duck
14.15 Hitparade	13.45 Ski alpin	14.15 Lexi-TV
14.45 Basteln mit Lexi	15.30 Tigerenten Club	14.40 Die Sendung mit der Maus
15.00 Tagesschau	16.30 Kochclub	15.10 Tiere der Welt
15.10 Sesamstraße	17.30 Löwenzahn	16.00 Logo
15.40 Logo	18.00 Logo	16.20 Fußball live
17.00 Sportmagazin	18.20 Tiere suchen ein Heim	18.50 Wetter
17.50 Tierzeit	18.50 Sandmännchen	19.00 Der Tag im Überblick
18.25 Montagskrimi – Ein Fall für drei	19.00 Sport um 7	19.15 Familienquiz
19.00 Nachrichten	20.10 Komische Wetten	19.50 Lottozahlen
19.20 Wetter	22.15 Abendnachrichten	20.00 Spielfilm des Tages

1. Welche Sendungen möchte das Kind schauen?

2. Warum benutzt das Kind eine Programmzeitschrift?

3. Stellt euch gegenseitig Fragen zum Fernsehprogramm. Zum Beispiel:
   - Welche Sendung beginnt am Dienstag um 15.30 Uhr?
   - Wie lange dauert „Logo“?
   - Wann kann man am Montag Nachrichten schauen?

Oberbegriffe

Tim (4 Jahre):	Alexa (9 Jahre):	Mutter (37 Jahre):	Vater (39 Jahre):
Donald Duck	Tierreport	Ski alpin	Die Detektive
Comic Parade	Tiere der Welt	Sportmagazin	Ein Fall für drei

1 Welche Sendungen sehen die einzelnen Personen am liebsten?

2 Finde für jede Spalte einen Oberbegriff.

3 Übertrage die Tabelle in dein Heft.

4 Ergänze die Tabelle mithilfe einer Programmzeitschrift.

Seine Meinung äußern und begründen

5 In welchem Zimmer würdest du lieber wohnen? Begründe.

6 Paul möchte gerne einen Fernseher in seinem Zimmer haben. Was spricht dafür, was spricht dagegen?

7 Sammelt eure Meinungen in einer Tabelle:

pro (dafür)	kontra (dagegen)

8 Tim fragt seinen Vater am Abend, ob er mit ihm einen Krimi anschauen darf. Was könnte der Vater ihm antworten?

Steigerung von Adjektiven

Familie Ponti möchte einen neuen Fernseher kaufen. Sie vergleichen die Preise.

1 Wie oft kommt das Adjektiv *billig* vor?

2 Schreibe alle Formen auf und überlege, wie es sich verändert.

3 Schreibe die Endungen farbig nach.

Merke

Mit Adjektiven kann man vergleichen. Dazu müssen sie gesteigert werden. Bei der **Steigerung** gibt es die Grundstufe, die erste und die zweite Vergleichsstufe.

Grundstufe	1. Vergleichsstufe	2. Vergleichsstufe
• klein	kleiner	am kleinsten
• breit	breiter	am breitesten

teurer als | preiswerter als | moderner als

am preiswertesten | am teuersten | am modernsten

4 Finde weitere Vergleiche zwischen den Fernsehern und schreibe sie auf.

5 Suche in der Wörterliste Adjektive und schreibe sie in den verschiedenen Vergleichsstufen auf.

6 Wie viel Euro spart Familie Ponti, wenn sie nicht den grauen, sondern den schwarzen Fernseher kauft?

Wörter mit doppeltem Selbstlaut

Boogle

Wörter mit doppeltem Selbstlaut Suche

Suchergebnis:
die Idee, das Moos, leer, das Maar, die Beere, der Klee, der Zoo, doof, der Saal, die Fee, der Schnee, das Boot, der See, das Paar

Paul sucht mithilfe einer Suchmaschine Wörter mit doppeltem Selbstlaut.

1 Schreibe die Wörter ab, die Paul gefunden hat, und schreibe die doppelten Selbstlaute farbig nach.

2 Suche dir einige der Übungstipps von Seite 15 aus und übe damit die Wörter.

3 Finde heraus, was ein *Maar* ist. Vielleicht kannst du dazu eine Suchmaschine verwenden.

Der Trennstrich

Auf dem Meer schwimmen Enten.
Mein neues Hausaufgaben-
heft ist weg.

Die Fee verzaubert den Kön-
ig.
Endlich finde ich das kleine rote Boot.

4 Paul überlegt sich mit den gefundenen Wörtern Sätze. Welche Schwierigkeiten hat er beim Aufschreiben?

5 Wie löst du solche Probleme?

6 In welcher Zeile macht Paul alles richtig? Begründe es.

Merke

Am Zeilenende kannst du ein Wort nach einer Silbe mit einem **Trennstrich** trennen. • Haus-auf-ga-ben, Such-ma-schi-ne

7 Schreibe Pauls Sätze in Silben getrennt auf.

Personalformen

Alle Kinder in Pauls Klasse haben eine andere Schreibaufgabe.

1 Schreibe die Sätze ab. Kreise den Stamm des Verbs ein und schreibe die Endungen farbig nach.

2 Beschreibe, warum und wie sich das Verb verändert.

Merke

Verben können sich verändern. Die veränderten Formen heißen **Personalformen** oder gebeugte Formen.

- sagen: ich sage, du sagst, er/sie/es sagt, wir sagen, ihr sagt, sie sagen

du | ich | wir | er/sie/es | sie | ihr

glotzen | guckt | blinzelst | sehe fern | betrachtet | blicken

3 Welche Wörter passen zusammen? Schreibe sie auf.

4 Alle diese Verben gehören zu einem Wortfeld. Schreibe die Verben in der Grundform als Wortfeld auf. Suche dann den Namen des Wortfeldes und schreibe ihn in die Mitte.

glotzen

W

anklicken
auswählen
Bildschirm
billig
Drucker
E-Mail
gucken
Nachrichten
Programm
Sendung
speichern
Trickfilm

5 Schreibe eines dieser Verben in allen Personalformen auf.

Wörter mit *ck*

1. Ein Wort mit langem Selbstlaut hat sich hier eingeschmuggelt. Welches?

2. Erkläre mit eigenen Worten, warum man *Glocke* mit *ck* schreibt.

3. Schreibe alle Wörter richtig auf. Untersuche sie so wie Laura und Paul.

Wörter mit *tz*

Kerze – platzen – Weizen – sitzen – Kranz – Witz – Brezel – schmutzig – Salz – Blitz – Heizung

4. Untersuche die Wörter und ordne sie in eine Tabelle ein. Schreibe so:

langer Selbstlaut oder Doppellaut	kurzer Selbstlaut in der ersten Silbe, ich höre zwei verschiedene Mitlaute	kurzer Selbstlaut in der ersten Silbe, ich höre nur einen Mitlaut *z*, also schreibe ich *tz*
Weizen	Kerze	platzen

Fernsehsender	Bücher		
		Fernseher Radio Zeitung Telefon	Tastatur Maus Bildschirm CD-ROM

1 Übertrage die Tabelle in dein Heft und ergänze sie.

schön | schnell | wenig | reich | ruhig | stolz | faul | spannend

2 Schreibe die Adjektive in der Grundstufe, in der 1. Vergleichsstufe und in der 2. Vergleichsstufe auf.

3 Finde heraus, wie das Adjektiv gesteigert wird. gut

4 Schreibe die Wörter auf.

5 Bilde zusammengesetzte Nomen. Schreibe so: Kaffeetasse, …

Planvolles Fernsehen

Im **Fernsehen** gibt es viele **Programme** und noch mehr **Sendungen.** Man **schaltet** von einem Programm zum **anderen.** Die **Auswahl** fällt sehr schwer. Eine **Programmzeitschrift** kann dir dabei **helfen.** Sie gibt zum **Beispiel** Auskunft über den **Inhalt** eines Films. Auch **Kinderfilme** kannst du darin sofort **erkennen.** Suche doch einmal deinen **Lieblingsfilm!**

6 Schreibe die dick gedruckten Wörter mit Trennstrich auf: Fern-se-hen, …

trocknen | backen | schlecken | packen | meckern

7 Schreibe die Verben in den verschiedenen Personalformen auf.

pu…en | Pil…e | Wi… | Mü…e | vier…ig

8 *tz* oder *z*? Schreibe die Wörter richtig auf.

du trägst | er nimmt | du gibst | sie sieht

9 Wie heißen die Grundformen zu diesen Personalformen?

Früher und heute

1 Betrachte das Bild aufmerksam. Was erfährst du über das Leben früher?

2 Stell dir vor, du lebtest in dem Haus. Spaziere mit den Augen vom Keller bis zum Dachboden und erzähle, was du erlebst.

3 Was entdeckst du über das Leben der Kinder?

4 Was ist heute anders?

Finde heraus, wann die ersten Fernseher in die Wohnzimmer kamen.

Einen Brief schreiben

Klasse 3 möchte Frau Klein, Lauras Oma, einladen, um von ihr etwas über das Leben früher zu erfahren. Sie wollen einen Brief an Frau Klein schreiben.

Liebe ..., Sehr geehrte ...
Am Montag ...
Unser Thema ...
Wir möchten Sie bitten ...
Wir laden Sie ein ...

Bitte erzählen Sie ...
Bitte bringen Sie Bilder mit ...

Mit freundlichen Grüßen
Ihre Klasse 3

Merke

Die **höfliche Anrede** im Brief wird großgeschrieben.
- Bitte bringen **Sie** Bilder mit. Wir danken **Ihnen.**

1 Schreibe den Brief an Frau Klein zuerst in dein Heft.

2 Lies deinen Brief mit einem anderen Kind durch. Ist alles verständlich? Findet ihr Fehler?

- Achte darauf, dass dein Text in der Mitte des Blattes steht.
- Schreibe in Schönschrift, damit der Empfänger sich freut.

3 Schreibe den Brief nun sauber auf einen Briefbogen.

Die Klasse bereitet Fragen für das Gespräch mit Frau Klein vor. Die Kinder wollen über vier Themen sprechen:

In der Schule | Auf Reisen | Spielen mit Freunden | Einkaufen

4 Wählt ein Thema aus und besprecht, was die Kinder fragen können.

5 Schreibt die Fragen auf.

Verschiedene Vergangenheitsformen

Das **erzählt** Lauras Oma:

Früher habe ich in einem kleinen Laden bei uns um die Ecke eingekauft. Die Verkäuferin hat mich bedient. Sie hat hinter dem Ladentisch gestanden. Sie hat das Mehl abgewogen. Milch hat sie aus der großen Kanne abgefüllt.

Das **lesen** die Kinder in einem Buch:

Früher kauften die Leute in einem kleinen Laden um die Ecke ein. Die Verkäuferin bediente die Kunden. Sie stand hinter dem Ladentisch. Sie wog Zucker und Mehl ab. Milch füllte sie aus der großen Kanne ab.

1 Lauras Oma erzählt vom Einkaufen früher.
Lies beide Texte aufmerksam. Woran erkennst du, dass sie von der Vergangenheit handeln?

2 Schreibe die Verben aus beiden Texten ab, an denen du die Vergangenheit erkennst: habe eingekauft, kauften, …

3 Worin unterscheiden sich die beiden Texte?

Merke

Es gibt verschiedene Vergangenheitsformen. In der gesprochenen Sprache benutzt man meistens das **Perfekt.** Es besteht aus zwei Teilen.
- ich habe gekauft, sie hat bedient

In der geschriebenen Sprache benutzt man meistens das **Präteritum.**
- ich kaufte, er bediente

sie holte – sie …	sie kaufte – sie …	er sagte – er …
sie fragte – sie …	sie bezahlte – sie …	

4 Schreibe die Verben ab und ergänze die Lücken.
Schreibe so: sie holte – sie hat geholt, …

Früher und heute

Gegenwart und Vergangenheit

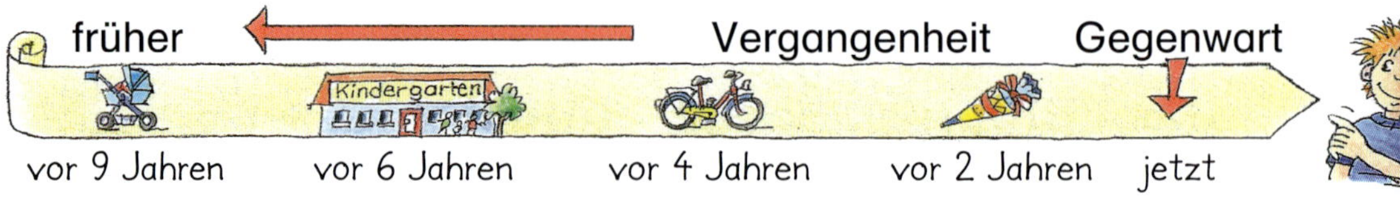

Heute denkt Paul über die Zeit nach:
Vor neun Jahren er auf die Welt. Heute er neun Jahre alt.
Vor zwei Jahren sein erster Schultag. Heute er in die dritte Klasse.
Vor vier Jahren er Fahrrad fahren. Heute er seinen Geburtstag.

kam | ist | war | geht | lernte | feiert

1 Vervollständige die Sätze mithilfe der Wortkarten.

Merke

Die vergangene Zeit nennen wir Vergangenheit. Die Zeit, die wir gerade erleben, nennen wir Gegenwart. Die Zeitform der Gegenwart heißt **Präsens.** • er denkt, sie singt, wir feiern

2 Schreibe Sätze über dich früher und heute.

Lange Selbstlaute

Blume | Käse | Schule | Bohne | Gabel | Fahne | Möhre | Lupe
Regen | Noten | Löwe | Hosen | Besen | Vater

3 Wie klingen die Selbstlaute in der ersten Silbe? Sprich die Wörter und klatsche dazu.

4 Trage die Wörter in eine Tabelle ein. Schreibe so:

langer Selbstlaut ohne *h*	langer Selbstlaut mit *h*
Blume	Bohne

5 Was stellst du fest?

Merke

Die meisten Wörter mit langem Selbstlaut in der ersten Silbe werden ohne *h* geschrieben.
• Haken, Wagen, Bruder, Säge – aber: Fa**h**ne

Wörter mit langem *i*

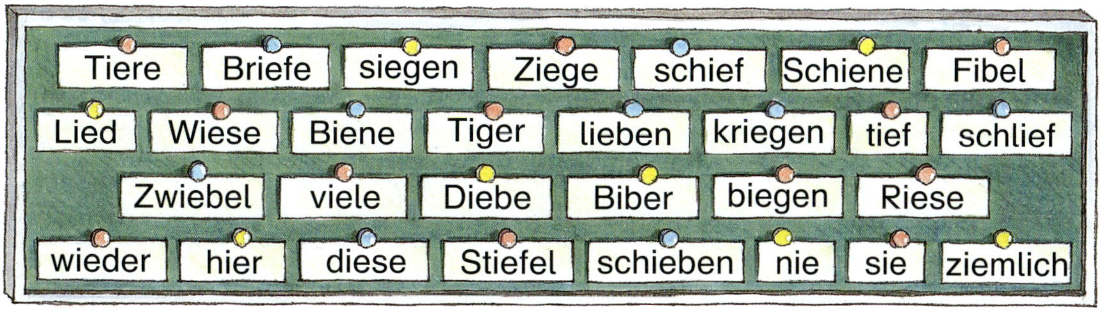

1 Lies die Wörter deutlich vor.
Ist der Selbstlaut *i* in der ersten Silbe lang oder kurz?

2 Trage die Wörter in eine Tabelle ein. Schreibe so:

ie für langes *i*	*i* für langes *i*
Tiere	Biber

3 Was stellst du fest?

Merke

Wörter mit langem *i* werden meistens mit *ie* geschrieben.
- T**ie**re, Zw**ie**bel, R**ie**se – aber: T**i**ger

lieben	schief	kriegen	Riese	hier
sch	t	s	d	v
s	r	b	W	T

4 Finde die Reimwörter.

5 Schreibe einen Satz, in dem möglichst viele Wörter mit *ie* vorkommen.

Info

Verben, die auf *-ieren* enden, kommen oft aus der französischen Sprache: rasieren, polieren, …

6 Kennst du noch mehr Verben, die auf *-ieren* enden? Schreibe sie auf.

7 Schlage unter *s* alle Wörter mit *ie* nach. Schreibe sie auf.

Vergangenheit und Gegenwart

1 Lies beide Texte und finde heraus, von welcher Zeit sie handeln.

2 Schreibe die Verben auf und ordne sie nach den verschiedenen Formen der Vergangenheit:

Präteritum	Perfekt
spielten	haben gespielt

3 Suche dir einen der beiden Texte aus und schreibe ihn so auf, dass er in der Gegenwart spielt. Schreibe im Präsens: Die Kinder spielen im Garten und …

Wörter mit *h*

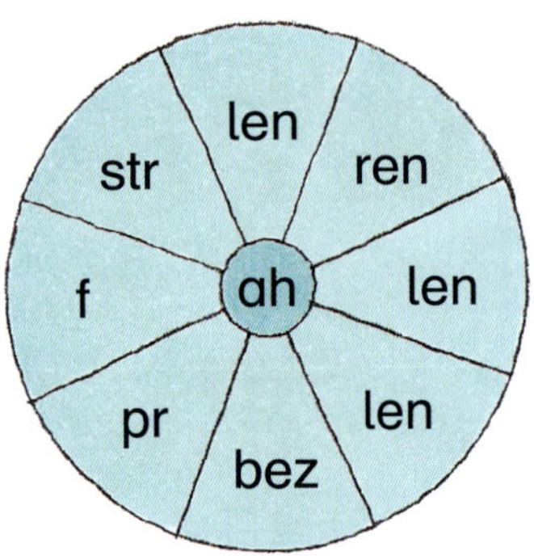

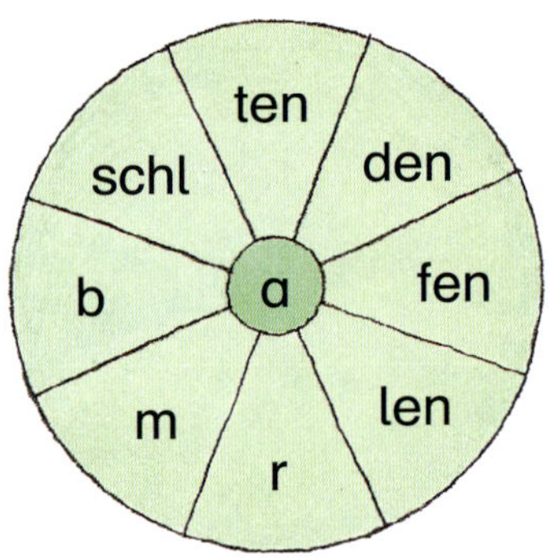

4 Bilde Wörter aus den beiden Rädern: strahlen, …

5 Übe die Wörter mit *h*. Für Übungstipps schaue nach auf Seite 15.

W
- erklären
- erzählen
- früher
- Gegenwart
- Handarbeit
- Lehrerin
- Lieblingsfach
- Schiefertafel
- Schule
- Tiger
- Vergangenheit
- vierzig

Richtig oder falsch ???

6 malen – mahlen Kannst du den Unterschied erklären?

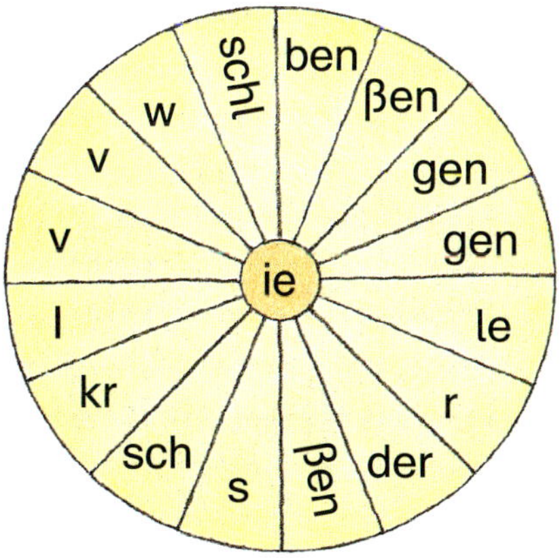

1 Bilde Wörter aus dem Wörterrad:
schließen, …

2 Schreibe die Wörter, die sich reimen, untereinander auf.

3 Schlage unter *w* und *z* in der Wörterliste alle Wörter mit *ie* nach und schreibe sie auf.

Oma erzählt von früher

Oma ging in eine Dorfschule. In ihrer Klasse waren vierzig Kinder. Alle mussten ganz still auf ihren Bänken sitzen. Die Lehrerin stand vorne und erklärte etwas. Wer dran war, musste immer aufstehen. Oma schrieb mit Kreide auf einer schwarzen Schiefertafel. Ihre Lieblingsfächer waren Heimatkunde und Handarbeit.

4 Lies den Text aufmerksam durch.

5 Wie gefällt dir Omas Dorfschule? Begründe es.

6 In welcher Zeitform ist der Text geschrieben? Woran erkennst du das?

7 Unterstreiche in deinem Text die Verben der Vergangenheit.

Märchen erzählen und spielen

Es ist Märchenzeit.

1 Welche Märchen wollen die Kinder in der Märchenstunde erzählen und vorspielen?

2 Wie bereiten sie sich darauf vor?

1 Welche Märchen kennst du?

Gefühle ausdrücken

1. Hier ist noch eine Szene aus dem Märchen von der goldenen Gans. Was ist wohl passiert?

2. Spielt die Szene. Drückt mit eurer Stimme und eurem Körper aus, wie die Personen sich fühlen.

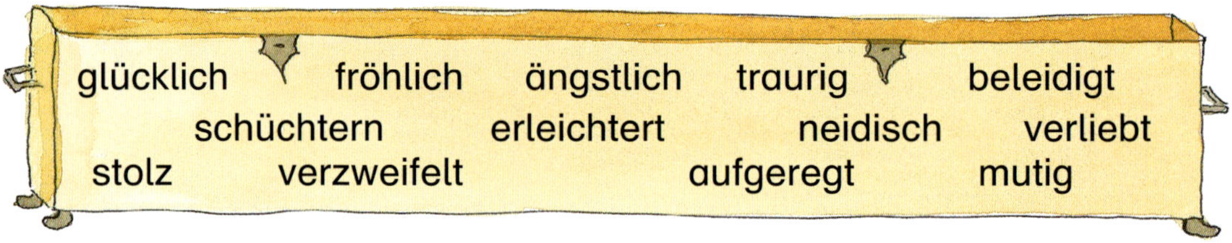

3. In der Märchentruhe stehen Wörter für Gefühle. Kennst du alle?

4. Sucht euch ein Wort aus der Kiste aus und stellt das Gefühl dar. Lasst die anderen raten.

5. Welche Adjektive stehen für ein angenehmes, welche für ein unangenehmes Gefühl? Schreibe so:

angenehm	unangenehm

Wo ist mein Märchenbuch?

6. Lies den Satz als Prinzessin, als Hexe, als Zwerg und als König. Verändere deine Stimme dabei.

Info

Früher nannte man eine Geschichte auch *Märe.*
Das Wort *Märchen* bedeutet also eigentlich „kleine Geschichte“.

Wörtliche Rede

Die Prinzessin ruft: „Ich kann wieder lachen!“
Der Dummling sagt: „
Der König brüllt: „

1 Lena will aufschreiben, was die Prinzessin, der Dummling und der König auf Seite 58 sagen. Welche Zeichen braucht sie dazu?

Merke

Wenn man aufschreibt, was jemand sagt, heißt das **wörtliche Rede.** Die wörtliche Rede setzt man in **Redezeichen.** Vor der wörtlichen Rede steht ein **Begleitsatz** mit einem Doppelpunkt.

• Die Prinzessin ruft: „Ich kann wieder lachen!“
Begleitsatz — wörtliche Rede

2 Schreibe auf, was die Prinzessin, der Dummling und der König sagen.

3 Nimm zwei Farben und unterstreiche deine Sätze so wie Lena.

4 Lies die Sätze. Sprich alle Zeichen dabei mit.

Die Hexe fragt | Der Froschkönig bittet | Der Zwerg jammert | Rotkäppchen ruft

5 Welcher Begleitsatz gehört zu welcher Sprechblase?
Schreibe so: Der Zwerg jammert: „Wer …?“

6 Unterstreiche die Begleitsätze und die wörtliche Rede farbig.

7 Fallen dir noch mehr Beispiele für wörtliche Rede in Märchen ein? Schreibe sie auf.

Wortfeld *sagen*

schreien	brüllen	rufen
	sagen	
murmeln	flüstern	wispern
wimmern	winseln	jammern
flehen	bitten	

1 Es gibt viele Wörter, mit denen du genau ausdrücken kannst, wie jemand etwas sagt. Lies die Wörter. Kennst du alle?

2 Die Wörter in einer Zeile passen jeweils zusammen. Warum?

3 Schreibt alle Wörter aus dem Wortfeld *sagen* auf Karten. Zieht abwechselnd ein Wort. Denkt euch einen Satz aus, den ihr dann so sprecht, wie es auf der Karte steht.

Silbentrennendes *h*

ge…en	frü…er	Ze…en	fle…en	Ru…e	wie…ern
Kü…e	Tru…e	se…en	flie…en	Flö…e	ste…en
Mü…e	Schu…e	glü…en	zie…en	Hö…e	Re…e

4 In allen Wörtern fehlt derselbe Buchstabe. Welcher ist es?

Merke

Endet eine Silbe mit einem Selbstlaut und fängt die nächste Silbe mit einem Selbstlaut an, wird zwischen die beiden Silben ein *h* geschrieben.
- ge**h**en, zie**h**en, Mü**h**e

W
- aufschreiben
- ausdenken
- blättern
- eigentlich
- immer
- Märchenbuch
- Märchenzeit
- sammeln
- selbst
- stöbern
- Türkei
- überlegen

5 Schreibe die Wörter richtig auf.

6 Welche Wörter reimen sich? Schreibe sie auf.

7 Welche der Wörter mit *h* sind Verben?

8 Schreibe die Verben in der *ihr*-Form auf und schreibe dann das *h* farbig nach: gehen – ihr geht, …

Die Wirtstochter sagt: „Hilfe, ich klebe an der goldenen Gans fest."
Die Fee sagt: „Du sollst einhundert Jahre schlafen."
Die Müllerstochter sagt: „Verrate mir doch, wie du heißt."

1 Setze passende Wörter aus dem Wortfeld *sagen* ein und schreibe die Sätze auf.

2 Unterstreiche die wörtliche Rede und die Begleitsätze farbig.

3 Schreibe Spaßsätze auf, in denen möglichst viele der Wörter mit *h* von Seite 60 vorkommen. Schreibe so: Fliegende Kühe machen keine Mühe.

4 Wie ist es noch im Märchen? Schreibe Sätze.

5 Welche Wörter kann man trennen? Schreibe sie mit Trennstrich auf:
Mär-chen, …

Häuschen | Zwerg | Müller | Brunnen | verzaubern | Taler

6 Trenne die Wörter und schreibe sie mit Trennstrich auf.

Märchenzeit

Lena und Betül stöbern in Märchenbüchern. Lena blättert in Betüls Buch mit Märchen aus der Türkei. Betül fragt: „Haben sich die Brüder Grimm die deutschen Märchen eigentlich selbst ausgedacht?" Lena überlegt: „Nein, Märchen haben sich die Leute schon immer erzählt. Die Brüder Grimm haben die Märchen gesammelt und aufgeschrieben."

7 Was sagt Lena? Was sagt Betül? Lies es vor.

8 Diktiert euch den Text als Partnerdiktat. Sprecht die Zeichen für die wörtliche Rede mit.

Projekt: Der Schrift auf der Spur

Verschiedene deutsche Schriften

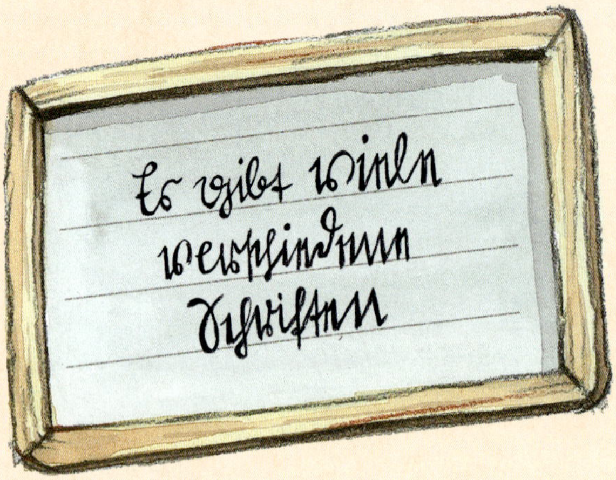

Fraktur	Sütterlin	Druck-schrift	Schreib-schrift
A	A	A	A
B	B	B	B
C	C	C	C
D	D	D	D
E	E	E	E
F	F	F	F
G	G	G	G
H	H	H	H
I	I	I	I
J	J	J	J
K	K	K	K
L	L	L	L
M	M	M	M
N	N	N	N
O	O	O	O
P	P	P	P
Q	Q	Q	Q
R	R	R	R
S	S	S	S
T	T	T	T
U	U	U	U
V	V	V	V
W	W	W	W
X	X	X	X
Y	Y	Y	Y
Z	Z	Z	Z

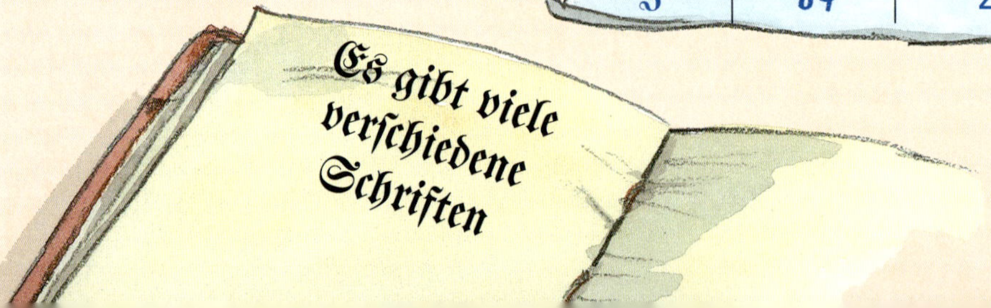

Schreibwerkzeuge und Schreibmaterialien

Gestalten von Schrift

Info

Früher konnten die meisten Menschen nicht lesen und schreiben und man konnte Bücher noch nicht drucken. In der Kirche brauchte man aber für die Gottesdienste Bibeln und andere Bücher zum Vorlesen. Deshalb schrieben Mönche jedes einzelne Buch mit der Hand ab. So entstanden in Klöstern kunstvoll verzierte Texte und Bücher.

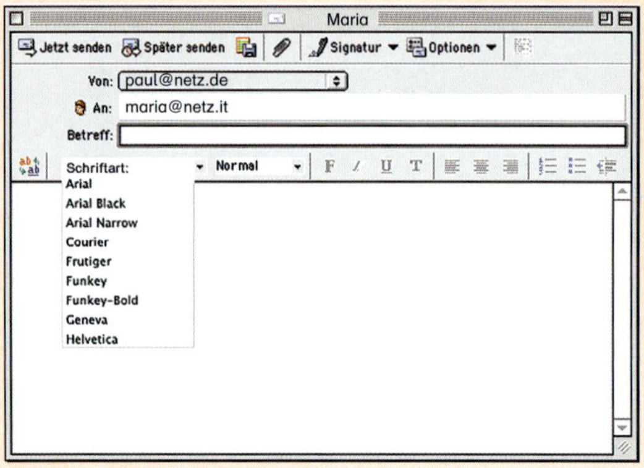

Besondere Schriftzeichen

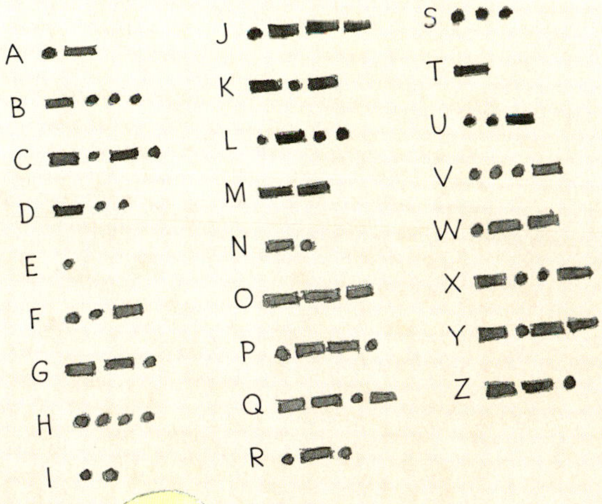

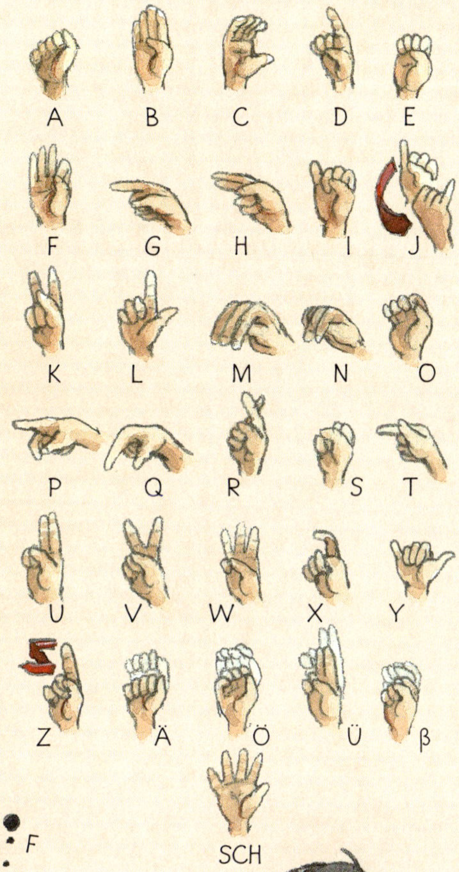

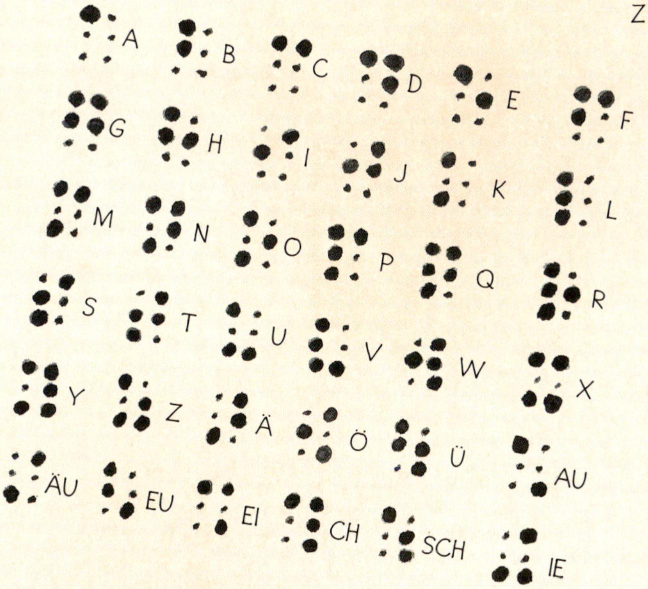

Wikinger

Alle, die mit uns nach Grönland fahren

Musik: trad. Sœderland Bearbeitung: Günter Geisinger / R. Jähnichen

Ho, he, hou, ho, he, ho. Ho, he, hou, ho, he, ho.

Alle, die Blitz und Hagel nicht fürchten, müssen echte Wikinger sein.
Knut und Björn und …

Ho, he, hou, ho, he, ho. Ho, he, hou, ho, he, ho.

Alle, die stürmischen Wellen trotzen, müssen echte Wikinger sein.
Knut und Björn und …

Ho, he, hou, ho, he, ho. Ho, he, hou, ho, he, ho.

Alle, die gerne aus Hörnern trinken, müssen echte Wikinger sein.
Knut und Björn und …

Ho, he, hou, ho, he, ho. Ho, he, hou, ho, he, ho.

1 Was weißt du bereits über die Wikinger?

2 Schau dir die Karte an. Wohin sind die Wikinger mit ihren Schiffen gesegelt?

Das Perfekt

1 Die Klasse 3 erstellt eine Wandzeitung zum Thema „Wikinger“. Wie informieren sich die Kinder?

2 Wie würdest du dich informieren? Kennst du noch andere Möglichkeiten?

Nach einigen Tagen fragt die Lehrerin:

3 Schreibe die Sätze von Aufgabe 1 im Präsens und im Perfekt.
Schreibe so: Paul und ich **lesen** ein Buch über die Wikinger.
Paul und ich **haben** ein Buch über die Wikinger **gelesen.**

4 Unterstreiche die Verben rot: Paul und ich haben ein Buch über die Wikinger gelesen.

Info

Die Wikinger hatten viele Götter: Odin, Tyr, Thor, Freja und andere. Ihre Namen sind in einigen unserer Wochentage versteckt.

5 Welcher Wochentag ist wohl nach der Göttin „Freja“ benannt?

Das Präteritum

Die Wikinger

Das waren die Wikinger. | Die Schrift der Wikinger | Auf einem Markt

Die Wikinger lebten in Norwegen, Schweden und Dänemark. Sie führten ein hartes Leben. Manchmal hungerten sie. Etwa 700 Jahre nach Christus segelten sie in andere Länder und suchten nach einem besseren Leben. Die Wikinger bauten besonders gute Segelschiffe. Damit segelten sie bis England, Island, Schottland und Grönland. Sie raubten, handelten mit Tierfellen, Seilen aus Walrosshaut, Weizen und Bernstein. Überall errichteten sie neue Siedlungen.

1 Lisas Text für die Wandzeitung enthält viele Informationen. Lest den Text und stellt euch Fragen dazu.

2 Schaue dir die Verben im Text an. In welcher Zeitform stehen sie?

3 Schreibe die Verben im Präteritum und im Präsens auf.
Schreibe so:

Präteritum	Präsens
sie lebten	sie leben

sie fährt | er reitet | es sagt

4 Schreibe das Präteritum. Was fällt dir auf?

Richtig oder falsch ??

er aß gehört zu er ist / er isst ?

5 Begründe es.

6 Warum wird auf der Wandzeitung das Verb *leben* großgeschrieben? Begründe es.

Informationen vorstellen

1 Findet heraus, wie sich die Wikinger ihren Namen gegeben haben.

2 Wie ist dein Wikingername? Schreibe ihn auf.

Info

Die Wikinger haben andere Buchstaben als wir verwendet. Sie heißen Runen. Rune bedeutet so viel wie Geheimnis.

3 Sieh dir das Runenalphabet an. Was fällt dir auf?

4 Warum heißt das Runenalphabet Futhark und nicht Abc?

5 Schreibe deinen Namen mit dem Runenalphabet.

6 Schreibe deinem Partner eine geheime Botschaft. Benutze das Runenalphabet.

Unregelmäßige Steigerung

1 Versuche selbst wie ein Händler die Waren anzupreisen.

2 Lege eine Tabelle an und schreibe die Adjektive in die Tabelle. Lasse noch Platz für Aufgabe 3. Schreibe so:

Grundstufe	1. Vergleichsstufe	2. Vergleichsstufe
lang	länger	am längsten

Merke

Der Wortstamm kann sich bei der Steigerung ändern.
- groß – größer – am größten
- hoch – höher – am höchsten

kalt alt klar jung

3 Trage die Steigerung der Adjektive in deine Tabelle ein.

4 Wie steigert man das Adjektiv? viel
Überprüfe es mit der Wörterliste.

Preisliste

Brustpanzer	820 g Silber	Ochse	137 g Silber
Helm	410 g Silber	Schaf	15 g Silber
Schwert	470 g Silber	Hühner (10)	3 g Silber
Pferd	478 g Silber	Mantel	12 g Silber
Schild und Lanze	137 g Silber	Kuh	137 g Silber

Auf dem Markt wurden die Waren mit „Hacksilber“ bezahlt. Das Silber wurde von Stangen oder Münzen abgebrochen und gewogen.

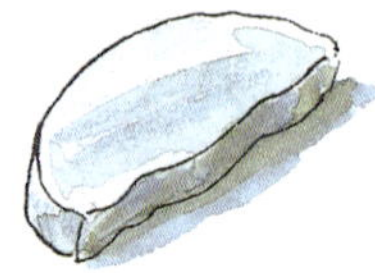

1 Sieh dir die Preisliste an und vergleiche. Diese Ausdrücke können dir helfen.

so teuer wie | preiswerter als | teurer als | billiger als

2 Schreibe deine Vergleiche auf. Schreibe so: Eine Kuh ist billiger als …

3 Ordne die Preisliste nach dem Wert der Waren. Beginne mit der preiswertesten Ware. Ordne bei gleichen Preisen alphabetisch.

Lexi hat auf dem markt eingekauft.
Das handeln hat ihm spaß gemacht.
Jetzt besitzt er einen helm, ein schwert, einen mantel und eine kuh.
Wie findest du sein aussehen?

Gg

4 Bis auf die Satzanfänge sind alle Wörter kleingeschrieben. Welche Wörter werden großgeschrieben?

5 Schreibe den Text richtig auf.

6 Mit wie viel Gramm Silber hat Lexi insgesamt bezahlt?

W

- Abenteuer
- am meisten
- Erfahrung
- erfolgreich
- errichten
- ohne
- Räuber
- sitzen
- trotzdem
- unternehmen
- viel
- zuletzt

pa…en	spi…	drü…en	Parkpla…
Rü…en	Wi…	Ne…	Sa…
se…en	entde…en	Tri…	bü…en

Bli…	Spi…er	Absa…	Knä…ebrot	schü…en

1 Sprich die Wörter. Wie klingt der Selbstlaut vor *tz* oder *ck?*

2 Schreibe die Wörter auf. Achtung! Manchmal kannst du beides einsetzen.

Richtig oder falsch ???

Schiff – schief | still – Stiel | bieten – bitten

3 Warum schreibt man diese Wörter so? Begründe es.

an, ab, er, vor, weg, aus

heb, geb, fahr, geh, nehm

en

4 Bilde aus den Wortbausteinen Verben.

Die Wikinger

Das Wort Wikinger bedeutet eigentlich Räuber oder Pirat. Die Wikinger waren mutig und tapfer. Sie hatten sehr schnelle Schiffe und große Erfahrung in der Seefahrt. Die Wikinger liebten das Abenteuer und unternahmen erfolgreiche Beutezüge. Sie waren auch gute Bauern, Jäger, Fischer und Händler. Sie errichteten viele neue Siedlungen.

5 Suche die Adjektive im Text und steigere sie. Schreibe so:
mutig – mutiger – am mutigsten, …

6 Warum steht dieses Verb im Abschreibtext im Präsens? bedeutet

Bücher, Bücher

1. Schaue dich in der Bücherei um. Was entdeckst du?

2. Was machen die Kinder?

3. Warst du schon einmal in einer Bücherei? Erzähle davon.

1 Überlegt gemeinsam, was eine Autorenlesung ist. 

2 Betrachte das Werbeplakat. Was erfährst du über das Buch?

3 Welche Autoren oder Autorinnen kennst du?

Bücher vorstellen

Die Kinder wollen sich ihre Bücher gegenseitig vorstellen.
Gemeinsam haben sie gesammelt, was ihnen wichtig ist.

1 Lest euch die Punkte durch. Überlegt, ob euch noch etwas anderes wichtig ist.

2 Suche dir ein Buch aus. Beschreibe es so, wie ihr es vereinbart habt.

Zu deinem Buch kannst du auch ein Werbeplakat erstellen.
Auf Werbeplakaten findest du verschiedene Informationen:

Bilder · Leseprobe · Autor · Meinungen · kurze Worte zum Inhalt · Titel · Art des Buchs · Seitenzahl · Fotos

3 Überlege dir, was auf deinem Werbeplakat erscheinen soll.

4 Notiere dir auf einem Blatt kurze Stichworte dazu.

5 Gestalte ein Werbeplakat für dein Buch.

6 Stellt euch eure Bücher gegenseitig vor.

Einen Text verbessern

Büchereien gibt es auch in eurer Nähe. Wenn ihr mit eurer Klasse eine Bücherei besuchen wollt, solltet ihr das vorher vereinbaren. Das geht mit einem Brief.

1 Überlegt gemeinsam, was in dem Brief stehen soll und wie ihr ihn aufbauen wollt.

2 Schreibt euren Brief an die Bücherei auf einem Blatt vor.

Bevor man einen Brief abschickt, ist es wichtig, Rechtschreibfehler zu finden und zu verbessern.

Texte überprüfen und verbessern

1. Lies deinen Text Wort für Wort, vorwärts und rückwärts oder in Silben.
2. Unterstreiche Wörter, bei denen du dir unsicher bist.
3. Kannst du dir die Schreibung erklären?
4. Wenn du nicht weiterweißt, schlage das Wort in der Wörterliste nach.
5. Prüfe außerdem:
   - Hast du Satzzeichen gesetzt? . , ! ? : „ “
   - Sind die Satzanfänge großgeschrieben?
   - Hast du die Punkte der Umlaute nicht vergessen? ä ö ü

3 Überprüft und verbessert euren Brief. Die Punkte im Kasten helfen euch.

4 Schreibt euren Brief in eurer schönsten Schrift auf einen Briefbogen.

Dehnungs-*h*

fühlen Rahmen Söhne	Fahne fahren Lehrer

Höhle Bohne zähmen	nehmen stehlen Ohren

1 Sprich die Wörter. Ist der Selbstlaut der ersten Silbe lang oder kurz?

2 Alle diese Wörter werden mit *h* geschrieben.
Welche Buchstaben folgen auf das *h*?
Lege eine Tabelle an und trage die Wörter ein:

-l			
fühlen			

3 Suche in der Wörterliste andere Wörter mit *h*, die in deine Tabelle passen.

Merke

In manchen Wörtern folgt auf einen langen Selbstlaut ein **Dehnungs-*h*.**
Ein Dehnungs-*h* steht vor den Buchstaben *l, m, n, r.*
- Hö**h**le, Ra**h**men, wo**h**nen, fa**h**ren

Mehl
Stuhl
Zahl

Lehm
lahm
strahlen

Bahn
Zahn
ohne

Uhren
gefährlich
Möhre

4 Diese Wörter musst du dir besonders gut merken. Suche dir Übungstipps auf Seite 15 aus und übe die Wörter.

W
Autor
Idee
Lehrer
Lesung
nehmen
sehr
spannend
stattfinden
Titel
Werbung
wohnen
zählen

bewohnen
unbewohnt
Bewohner
Wohnwagen
Wohnung
Wohnzimmer

5 Zu welcher Wortfamilie gehören diese Wörter? Schreibe sie auf und kreise den Stamm ein.

Die schreibt man ja alle mit *h*!

6 Finde andere Wörter zu dieser Wortfamilie.

Sohn | Strähne | Kahn | fehlen | Mohn | Ohr | Sahne

stehlen | Bahn | Rohr | kehren | Fahne | wehren | Mähne

1 Suche die Reimpaare und schreibe sie auf: Sohn – Mohn, …

2 Diktiert euch gegenseitig die Reimpaare. Dein Partner überprüft, ob die Wörter richtig geschrieben sind.

3 Schreibe mit einigen Reimpaaren ein Gedicht.

Richtig oder falsch ???

4 Was ist richtig? der Wal – die Wal | der Wahl – die Wahl

Das Buch
der vielen
Möglichkeiten

Lexi liest im Liegestuhl sein Lieblingsbuch.
Im Liegestuhl liest Lexi sein Lieblingsbuch.
Liest Lexi im Liegestuhl sein Lieblingsbuch?
Sein Lieblingsbuch liest …

5 Überlege dir einen Satz, der dir gefällt, und schreibe ihn auf ein kleines Blatt. Du kannst dir auch einen Satz aus dem Abschreibtext suchen.

6 Stelle nun die Wörter im Satz um. Versuche möglichst viele Möglichkeiten zu finden und schreibe sie auf. Denke auch an die Frage.

7 Denke dir einen neuen Satz aus und schreibe ihn genauso auf ein neues Blatt. Für den nächsten Satz nimmst du wieder ein neues Blatt. Später bindest du deine Blätter zu einem Buch zusammen. Du kannst auch Bilder zu deinen Sätzen malen.

Besuch in der Schule
Heute findet in unserer Schule eine Autorenlesung statt. Ein Autor stellt sein neues Buch vor. Der Titel hört sich sehr spannend an. Nach der Lesung dürfen wir Fragen stellen. Mit unserem Lehrer haben wir schon viele Ideen gesammelt. Ich möchte gerne wissen, wo der Autor wohnt.

Wetter

1 Schau das Bild an. Was siehst du? Erzähle.

2 Wie fühlst du dich bei einem Gewitter?

3 Wie verhältst du dich bei einem Gewitter?

1 Wann kannst du einen Regenbogen beobachten?

2 Warum kommen Regenwürmer bei einem kräftigen Regen an die Oberfläche?

3 Warum steht auf dem Gartentisch ein Messbecher?

Wetterbeobachtung

	Bewölkung	Niederschlagsart	Temperatur
Montag			19 °C
Dienstag			22 °C
Mittwoch			23 °C
Donnerstag			17 °C
Freitag		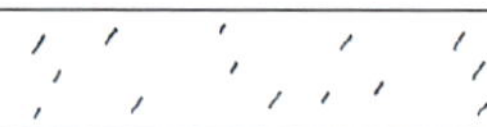	20 °C

1 Die Kinder der Klasse 3 beobachten das Wetter. Wie stellen die Kinder ihre Beobachtungen dar?

2 Stellt euch Fragen zum Wettertagebuch der Klasse 3.
Diese Wörter können euch helfen:

wolkenlos | warm | regnerisch | stark bewölkt | Gewitter | trocken | sonnig | leicht bewölkt | starker Regen | kühl | bedeckt | Nebel | gewittrig | leichter Regen

3 Welche Bildzeichen kennst du noch, um Wetter zu beschreiben?

Detektiv Jonas ermittelt
In der vergangenen Nacht wurde ein wertvolles Gemälde gestohlen. Die Spur führt Detektiv Jonas zum Haus von Herrn Klau. Detektiv Jonas steigt vom Fahrrad und schiebt seine Sonnenbrille hoch. An der Haustür wäre er beinahe über die noch feuchten, lehmverschmierten Gummistiefel von Herrn Klau gestolpert. Detektiv Jonas klingelt. Herr Klau öffnet. Er behauptet: „Ich bin erkältet und habe seit zwei Tagen das Haus nicht verlassen."

4 Schau dir die Wetterbeobachtung an. An welchem Wochentag ermittelt Detektiv Jonas?

5 Sagt Herr Klau die Wahrheit?

Ein Gedicht vortragen

Regen

Ich bin schon manchmal aufgewacht,
wenn's regnet mitten in der Nacht,
dann lieg ich da und höre:
Der Regen trommelt auf das Dach
und rauscht und plätschert wie ein Bach
durch unsere Regenröhre.

Und heult der Wind um unser Haus –
das macht mir überhaupt nichts aus,
das Kissen hält mich warm.
Die Welt ist draußen schwarz und kalt,
ich lieg in meinem Bett und halt
den Teddybär im Arm.

Hans Georg Lenzen

1 Lest euch in der Gruppe das Gedicht vor.

Ein Gedicht vortragen

- Lernt das Gedicht auswendig.
- Versucht mit eurer Stimme und eurem Sprachtempo zu zeigen, wie warm und geborgen man sich im Bett fühlt und wie kalt und ungemütlich das Wetter draußen ist.
- Überlegt, welche Zeilen ihr mit Geräuschen untermalen wollt.
- Wählt Instrumente oder klingendes Material aus.
- Macht Bewegungen zu bestimmten Teilen des Gedichtes.
- Ihr könnt das Gedicht auch gemeinsam vortragen.
  Dabei kann jeder einige Zeilen sprechen oder ihr sprecht das Gedicht alle gemeinsam.

2 Überlegt euch, wie ihr dieses Gedicht vortragen wollt.

Einen Text schreiben

1 Welche Ideen hast du zu diesem Thema?

2 Schreibe einen Text zum Thema „Regenpause“.

3 Überprüfe deinen Text. Lies auf Seite 77 nach, wie du dabei vorgehen kannst.

4 Lest euch eure Texte vor.

W

beobachten
entstehen
fühlen
Gewitter
kühlen
mehr
Regentropfen
Reihenfolge
strahlen
violett
wahr
Wetterbericht

Bauernregeln

Info

Für die Bauern ist das Wissen,
wie das Wetter wird, besonders wichtig.
Sie haben sich früher ihre
Beobachtungen in Sprüchen gemerkt.

Wenn im März viel Winde weh'n, wird's im Mai dann warm und schön.

5 Was bedeutet diese Bauernregel? Erkläre sie.

6 Welche Bauernregel kennst du? Schreibe sie auf und erkläre sie.

7 Finde eine eigene Wetterregel. Schreibe sie auf.

Ein Regenbogen

Nach einem heftigen Gewitter beobachtet Marie am Himmel einen wunderschönen Regenbogen. Sie fragt ihren Bruder: „Weißt du, wie ein Regenbogen entsteht?“ Max antwortet: „In der Luft sind noch sehr feine Regentröpfchen. Diese zerlegen das Sonnenlicht in sieben Farben. Du siehst die Farben des Regenbogens immer in der gleichen Reihenfolge: rot, orange, gelb, grün, hellblau, dunkelblau und violett.“

nehmen | rühren | kühlen | gehen | Höhle

sehen | fahren | Rahmen | wehen | stehen

ohne | stehlen | Bohne | Fahne | mehr | zählen

1 Hier haben sich vier Wörter mit silbentrennendem *h* versteckt. Welche?

2 Schreibe die Wörter mit Dehnungs-*h* mit Trennstrichen auf: neh-men, …

3 Schreibe das *h* und den folgenden Mitlaut farbig nach.

Glück s Kind | Arbeit | Zeit | Urlaub | Reise | Wetter | Bericht

Verbot | Schild | Frühling | Anfang | Montag | Kreis

4 Schreibe zusammengesetzte Nomen: Glückskind, …

5 Welches zusammengesetzte Nomen ist anders?

6 Schreibe das Binde-*s* farbig nach.

Ans  möchte Marie nicht .
Es ist , dass sie in den Bergen .

Meer | mehr | war | wahr

7 Schreibe die Sätze und setze die passenden Wörter ein.

Sternhimmel

1 Was machen die Kinder?

2 Hast du auch schon einmal nachts die Sterne angeschaut? Erzähle.

3 Sehen alle Sterne gleich aus? Beobachte.

4 Was würdest du dir wünschen, wenn du eine Sternschnuppe siehst?

1. Was ist ein Stern? Was sind Sternbilder? Finde es heraus.
2. Welche Sternbilder kennst du? Lass sie dir am Himmel zeigen oder suche in Büchern oder im Internet.
3. Zeichne die Sternbilder, die du gefunden hast.

Texte planen, schreiben und überarbeiten

Der kleine Stern auf Abenteuerreise

Die Kinder wollen Geschichten von einem kleinen Stern schreiben.
Jeder überlegt:

- Wohin fliegt der kleine Stern?
- Wen trifft er?
- Was erleben sie?

Eine Geschichte schreiben und überarbeiten

1. Schreibe die Überschrift auf.
2. Lies die Fragen und überlege dir eigene Antworten.
3. Schreibe deine Geschichte auf.
4. Lies dir die Geschichte selbst vor. Unterstreiche dabei mit Bleistift die Stellen, mit denen du noch nicht zufrieden bist.
5. Versuche diese Stellen zu überarbeiten.
6. Lies die Geschichte einem Partner vor.
7. Stelle deinem Partner die drei Fragen und lass sie dir beantworten. Hat er alles verstanden? Überlegt gemeinsam, wie ihr die Geschichte noch besser machen könnt.

1 Schreibe eine Geschichte vom kleinen Stern.

2 Du kannst zu deiner Geschichte ein Bild malen und es mit deinem Text an einer Plakatwand ausstellen.

3 Wenn du die Fragen mit anheftest, könnt ihr ein Ratespiel machen.

Wörter mit *s* oder *ß*

gro…e Fü…e	ro…a Ro…en

(1) Sprich die Wörter. Überprüfe den Selbstlaut. Ist er lang oder kurz?

(2) Entscheide, ob du einen summenden oder einen zischenden *s*-Laut hörst.

Merke

Nach langem Selbstlaut schreibe den summenden *s*-Laut mit *s* und den zischenden *s*-Laut mit *ß*. • Wie**s**e, Ho**s**e – gro**ß**e, flie**ß**en

flie…en	rie…ig	genie…en	Wie…e	So…e	Ha…e	Rei…e

(3) Schreibe die Wörter richtig auf.

(4) Überprüfe mit der Wörterliste.

ihr, ihn, ihm

Die Sterne sind so klein. Lena holt … Brille und … Sternenbuch. Boris findet den hellen Polarstern. Er zeigt … auf der Sternkarte. Die Kinder entdecken den Großen Wagen. Sie schauen zu … hinauf. Dann laufen sie zu … Eltern. Sie erzählen …, was sie entdeckt haben.

ihm	ihn	ihnen	ihr	ihre	ihren

(5) Schreibe den Text ab und setze diese Merkwörter ein.

Info

Besonders gut kann man Sterne von einer Sternwarte aus beobachten. Man findet dort große Fernrohre, um den Sternhimmel zu betrachten. Man nennt eine Sternwarte auch Observatorium.

Satzteile umstellen

1 Lies die Sätze. Was fällt dir auf?

Anna malt für Leo bunte Sterne.
Für Leo malt Anna bunte Sterne.
Bunte Sterne malt Anna für Leo.

Merke

Wörter, die man in einem Satz umstellen kann, heißen **Satzteile.**
- Ein Junge sitzt auf der Bank. – Auf der Bank sitzt ein Junge.

Die Kinder sehen die Milchstraße am Himmel.
Die Astronauten fliegen mit dem Raumschiff zum Mond.
Sarah betrachtet die Sterne durch ihr Fernglas.

2 Stelle Satzteile um und schreibe die neuen Sätze auf.

Vergangenheit

Paul entdeckte gestern einen besonderen Stern. Er rief: „Der Stern hat gezwinkert!“ Susanne antwortete: „Und du hast geflunkert!“

3 Schreibe die Geschichte ab. Unterstreiche die Vergangenheitsformen.

Die Kinder beobachten die Sterne.
Die Kinder finden den Großen Wagen.

4 Schreibe die Sätze in den beiden Vergangenheitsformen auf.

W

ein bisschen
entdecken
fließen
froh
genießen
ihm
ihn
ihr
Milchstraße
riesig
sausen
Sternschnuppe

5 Schreibe die Wörter aus dem Wörterkasten mit Trennstrich auf.

Über Sterne

Es ist dunkel. Die Kinder beobachten die Sterne. Sehr hell leuchtet der Polarstern. Sie suchen Sternbilder und entdecken den Großen Wagen. Er besteht aus sieben Sternen. Da saust eine Sternschnuppe über den Himmel. Alle sind froh und wünschen sich etwas.
Am nächsten Tag erzählt Kathrin ein Märchen. Es heißt Sterntaler und ist ein bisschen traurig, aber auch sehr schön.

1 Stelle den vorletzten Satz um.
Schreibe die Möglichkeiten auf.

> Lena hockt auf ihren ro_a Fü_en und beobachtet am Himmel eine rie_ige Stra_e.
> Plötzlich saust eine Sternschnuppe vorüber.
> Lena wünscht sich einen gro_en Ha_en.

2 Schreibe den Text ab und setze die richtigen Buchstaben für die *s*-Laute ein.

Richtig oder falsch ???

Die Astronauten rei_en zum Mond.
Die Kinder rei_en Sterne aus Papier.

3 Was ist der Unterschied? Schreibe die Sätze richtig auf.

Peter und Lena holen ___ Fernglas und ___ Sternkarte.
Lena sucht ___ Lieblingsstern. Peter entdeckt ___. Er winkt ___ zu.
Die Kinder finden viele Sternbilder. Sie schauen zu ___ hinauf.

4 Schreibe den Text ab und setze die richtigen Wörter ein.
Schreibe so: Peter und Lena holen ihr Fernglas …

AUS	FLOG	ZEUG	EN
AN	FLIEG	GAST	E
LOS	FLUG	REISE	

5 Schreibe die Wörter der Wortfamilie auf. Denke an die Großschreibung.

6 Suche andere Wörter zur Wortfamilie und schreibe sie auf.

Fragen, nachdenken, ...

1 Auf welche Weise beschäftigt sich die Klasse 3 mit dem Thema „Schönheit“?

2 Wandere mit den Augen durch die Ausstellung der Klasse und betrachte genau, was die Kinder schön finden.

3 Wähle einen Gegenstand aus der Ausstellung, den du auch schön findest, und begründe deine Wahl.

4 Schließe die Augen und denke darüber nach, was du schön findest.

5 Berichtet einander, was ihr schön findet. Begründet eure Wahl.

„Das finde ich schön“
ine Ausstellung der Klasse 3
Ist das schön?
Warum?

Über eine Frage im Gespräch nachdenken

1 Sind Schnecken schön? Was denkst du?

So kannst du deine Meinung ausdrücken:
- Ich finde, dass … Ich glaube, dass … Meiner Meinung nach …
  Ich denke, dass … Ich meine, dass …
- Ich finde das nicht, weil … Ich glaube das nicht, weil …
  Da bin ich anderer Meinung, weil … Ich denke das nicht, weil …
  Ich sehe das anders, weil …

So kannst du dich auf einen anderen Gesprächsbeitrag beziehen:
- Ich möchte noch etwas zu dem sagen, was du gerade gesagt hast.
- Dazu möchte ich auch noch etwas sagen.

So kannst du nachfragen, wenn du etwas nicht verstanden hast:
- Das habe ich nicht verstanden. Kannst du das bitte wiederholen?

2 Sucht euch eine Frage aus, über die ihr sprechen wollt, und schreibt sie auf eine Karte.

3 Tauscht eure Meinungen darüber aus. Ihr könnt die Formulierungen aus dem Kasten benutzen.

4 Schreibt eure Meinungen auf. Nehmt für jeden Gedanken eine neue Karte. Sammelt die Karten und hebt sie für Seite 95 auf.

Meinungen sammeln

1. Die Kinder haben ihre Meinungen gesammelt. Wie können sie die Meinungen nun ordnen?

2. Betrachtet nun eure Karten von Seite 94. Sammelt die Gedanken zu eurer Frage. Könnt ihr sie ordnen?

3. Sprecht über eure Gedanken und Meinungen. Gibt es eine klare Antwort auf die Frage?

4. Gib die Meinungen der Kinder genau wieder. Benutze die wörtliche Rede. Schreibe so: Lars sagt: „Ich denke, wenn sie …“

Fragen, nachdenken, ...

Wortbausteine für Nomen

1 Schreibe die Nomen mit Begleiter auf.

2 Rahme die Wortbausteine -heit, -keit, -ung ein.

Merke

-heit, -keit, -ung sind Wortbausteine für Nomen.
● Schön**heit,** Einsam**keit,** Umleit**ung**

3 Finde mehr Nomen mit den Wortbausteinen.

W

Cent
Gespräch
Glück
Herz
nachdenken
Pilz
Schönheit
sieben
traurig
verschieden
verstehen
Vogel

Doppelte Mitlaute

Der Junge re_t schne_ mit dem Ba_.
Die Mädchen re_en schne_er mit ihren Bä_en.

4 Schreibe den Text ab und setze die fehlenden Buchstaben ein.

5 Setze Silbenbögen unter die geklecksten Wörter.

6 Wie hast du erkannt, dass der Mitlaut verdoppelt werden muss?

Merke

Wenn du wissen willst, ob du einen Mitlaut verdoppeln musst, verlängere das Wort. ● Bett – Betten, kommt – kommen

Wörter mit *lz, rz, nz*

7 Schreibe die Wörter zuerst in der Mehrzahl, dann in der Einzahl auf. Überprüfe sie mit der Wörterliste.

Richtig oder falsch ???

Me?l fe?len le?ben Ho?se Le?rerin

Re?e sa?gen Mit oder ohne h? i?nen fra?gen

fa?ren Schu?le Schu?e ge?en se?en Krä?e

1 Überlegt gemeinsam, welches Wort mit *h* und welches ohne *h* geschrieben wird. Wenn ihr euch nicht sicher seid, schlagt in der Wörterliste nach.

2 Schreibe die Wörter richtig auf: Wörter mit *h* | Wörter ohne *h*

Stämme die Nässe sie rennt es knallt

rennen stoppen es kommt

knallen müssen muss Stamm

Flüsse bellen nass Fluss

kommen Stopp er bellt

3 Was gehört zusammen? Schreibe so: müssen – muss, …

- Manchmal sind Klara und ich unterschiedlicher ?.
- Manche Menschen sind gefangen. Sie wünschen sich ?.
- Das habe ich noch nie gemacht. Damit habe ich keine ?.
- Mama sagt, ? ist wichtig.

Erfahrung Ehrlichkeit Freiheit Meinung

4 Ordne die Wörter zu und schreibe die Sätze richtig auf.

Verschiedene Meinungen

Peter hat mich gestern gefragt, ob sieben viel ist. Ich habe ihm gesagt: „Klar, denn sieben Elefanten in meinem Zimmer sind eine Menge.“ Und Mario hat dazu gemeint: „Sieben Kinder auf der Schaukel sind auch viel.“ Aber Marie ist ganz anderer Meinung. Sie findet, dass sieben Cent ziemlich wenig sind. Und da hat sie auch recht.

Verbreitungsgebiet des Wolfes früher
heute
Canis lupus
vor 15 Mio. Jahren
Tomarctus
vor 50 Mio. Jahren
Miacis
Verbreitungsgebiet des Wolfes heute
GESELLSCHAFT ZUM SCHUTZ DER WÖLFE E.V.
WIR HELFEN WÖLFEN

1 Was erfährst du über den Wolf?

2 Was ist Wirklichkeit, was sind Geschichten?

3 Auf welchen Bildern wird der Wolf gut und auf welchen böse dargestellt?

4 Kannst du dir vorstellen, welches Haustier sich aus dem Wolf entwickelt hat?

Informationen sammeln und Stichpunkte machen

1 An der Tafel ist etwas durcheinandergeraten. Ordne den Fragen die richtigen Begriffe zu.

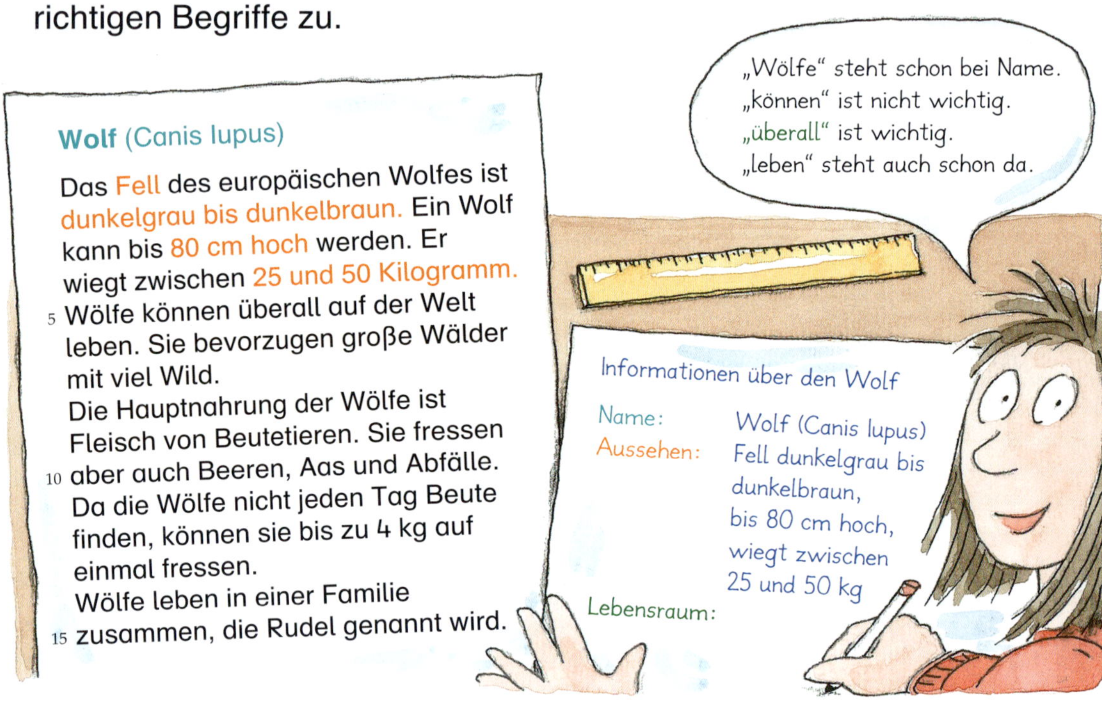

Wolf (Canis lupus)

Das Fell des europäischen Wolfes ist dunkelgrau bis dunkelbraun. Ein Wolf kann bis 80 cm hoch werden. Er wiegt zwischen 25 und 50 Kilogramm. Wölfe können überall auf der Welt leben. Sie bevorzugen große Wälder mit viel Wild.
Die Hauptnahrung der Wölfe ist Fleisch von Beutetieren. Sie fressen aber auch Beeren, Aas und Abfälle. Da die Wölfe nicht jeden Tag Beute finden, können sie bis zu 4 kg auf einmal fressen.
Wölfe leben in einer Familie zusammen, die Rudel genannt wird.

2 Lara möchte einen Vortrag über Wölfe halten. Zuerst macht sie sich Stichpunkte. Warum?

3 Beschreibe, wie sie dabei vorgeht.

4 Warum wählt Lara für jeden Stichpunkt eine andere Farbe?

5 Lies dir die Sprechblase durch. Welches Wort schreibt Lara als Nächstes auf?

6 Wie kann sie sich mit ihren Stichpunkten auf ihren Vortrag vorbereiten?

Einen Vortrag halten

1 Welchem Kind würdest du am liebsten zuhören? Begründe es.

2 Überlegt, was für euch einen interessanten Vortrag ausmacht. Schreibt eure Überlegungen als Tipps auf.

3 Was erwartest du von den Zuhörern, wenn du einen Vortrag hältst?

4 Haltet einen eigenen Vortrag über den Wolf.

W

ähnlich
aussterben
bissig
fressen
gefährlich
Jagd
Nahrung
Rudel
verwandt
wichtig
wild
ziemlich

Satzteile ersetzen

Wölfe wurden [in vielen Ländern] ausgerottet.
[Wölfe] wurden früher von Menschen durch vergiftete Köder getötet.
[Wölfe] wandern seit einiger Zeit wieder zurück nach Deutschland.
[Der Wolf] legt auf seinen Streifzügen oft 20 km in einer Nacht zurück.
Von [dem Wolf] stammen unsere Haushunde ab.
Wölfe unterscheiden sich [in der Größe und in der Fellfarbe].

Paul hat einige Informationen über Wölfe aufgeschrieben.

fast überall | sie | ihm | diese wilden Tiere | er | durch einige Merkmale

5 Ersetze an einigen Stellen die eingerahmten Wörter und schreibe den Text auf.

Merke

Satzteile kann man durch gleichwertige Satzteile ersetzen.
- **Der Wolf** ist nicht böse. – **Er** ist nicht böse. – **Das Tier** ist nicht böse.

6 Vergleicht euren Text mit dem von Paul.

Wortbausteine für Adjektive

1 Lies dir die Sprechblasen durch. Verstehst du alles?

2 Die Kinder haben viele Adjektive mit -ig und -lich verwendet.
Schreibe sie so auf:

Adjektiv mit *-ig*	Adjektiv mit *-lich*
riesig	

hungr_ gefähr_ schreck_ ruh_ freund_ fried_ biss_

3 Setze die Adjektive vor Nomen: Der hungrige Wolf, …
Wenn du dir nicht sicher bist, schlage im Wörterbuch nach.

4 Finde noch mehr Adjektive mit -ig und -lich.

Wörter mit *x, chs* und *ks*

Fuchs

Taxi

Keks

Hexe
sechs

5 Sprich die Wörter. Welchen Laut hörst du in allen Wörtern?
Vergleiche, wie er geschrieben wird.

6 Schreibe die Wörter ab.

e_tra Da_ we_eln Bo_er Le_ikon wa_en Eide_e Bü_e

7 Schreibst du *chs* oder *x*?
Suche die Wörter in der Wörterliste und schreibe sie auf.

1 Sprich die Wörter.

2 Entscheide, ob sich der *s*-Laut zischend oder summend anhört.
Schreibe so: zischend *(ß)* | summend *(s)*

Richtig oder falsch

3 Glas – Maus Begründe es.

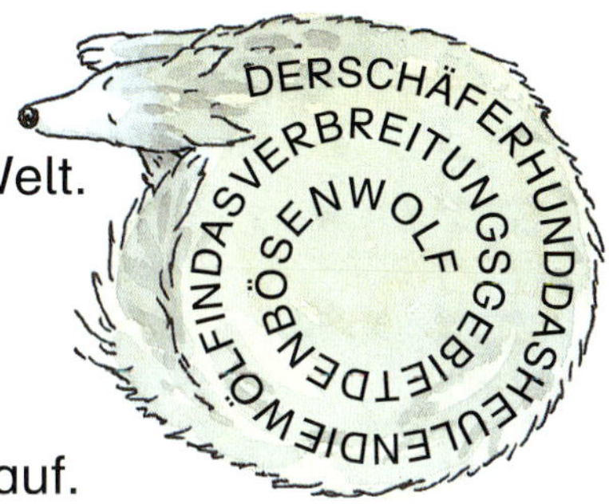

Es hört sich schaurig an.
Sie bringt bis zu 7 Junge in einem Wurf zur Welt.
Er stammt vom Wolf ab.
Ihn gibt es nur im Märchen.
Es war riesig.

4 Löse die Rätsel und schreibe die Lösungssätze auf.

5 Findet eigene Wolfrätsel.

gefährlich | ängstlich | mutig | hungrig | freundlich | fleißig

6 Finde zu den Adjektiven das passende Nomen.
Schreibe so: gefährlich – die Gefahr, …

7 Wie heißt das passende Verb? gefräßig

Wolfsrudel

Die Wolfsfamilie wird Rudel genannt. Das Familienleben ist sehr wichtig für Wölfe. Zu einem Rudel können bis zu zwanzig Tiere gehören. In jedem Rudel gibt es eine Rangordnung. Die Anführer sind meist die Eltern aller Rudelmitglieder. Sie haben die größte Erfahrung und Geschicklichkeit. Durch Körpersprache und Berührungen festigen sie den Zusammenhalt untereinander.

Hier und anderswo

1 Woran erkennst du, in welchem Land die Kinder leben?

2 Kennst du andere Flaggen?

Hallo! How are you?

What's your name?

How old are you?

Where are you from?

Do you want to play with me?

1. Wie verständigen sich die Kinder?

2. Spielt, was auf den Bildern passiert.

3. Wie können sich die Kinder noch verständigen?

4. Warst du auch schon einmal in einem Land mit einer anderen Sprache? Wie hast du dich dort verständigt?

Ein Rondell schreiben

Vom Bumerang

Der Bumerang fliegt.
Er kehrt zurück.
Das macht Spaß!
Der Bumerang fliegt
in weitem Bogen über die Wiese.
Oder eine Kurve?
Der Bumerang fliegt.
Er kehrt zurück.

Info

Die Ureinwohner von Australien benutzten einen Bumerang als Wurfholz zum Jagen.

1 Lies das Gedicht. Was fällt dir auf?

2 Ein Rondell ist ein Gedicht aus acht Zeilen. Schreibe das Gedicht ab und unterstreiche die gleichen Zeilen mit gleichen Farben.

Ein Rondell schreiben

1. Ziehe acht Linien für ein eigenes Rondell in den entsprechenden Farben. Nummeriere sie.
2. Überlege dir, worüber du ein Rondell schreiben möchtest. Das kann auch die Überschrift sein.
3. Schreibe eine Überschrift.
4. Schreibe das Wichtigste in die Zeilen 1, 4 und 7. Denke daran, die Zeilen sind gleich.
5. Was du genauer erzählen möchtest, schreibe in die Zeilen 2 und 8. Auch diese Zeilen sind gleich.
6. Was du noch schreiben möchtest, kommt in die übrigen Zeilen.

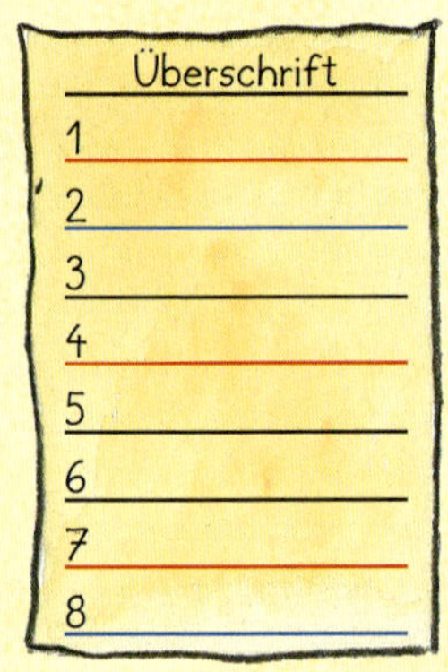

3 Gestalte dein Rondell. Überlege dir vor dem Aufschreiben, wo auf dem Blatt die Zeilen sein sollen. Passende Farben, Muster oder Bilder ergeben ein schönes Schmuckblatt.

Wörter mit *ng*

Das Gegenteil von kurz: .
Man trägt ihn am Finger: .
Kein Mädchen, sondern ein .
Ein Lied kann man .
Den Ball kann man .
Die Lehrerin ist nett und nicht .

1 Löse die Rätsel und schreibe die Sätze richtig auf.

2 Überprüfe mit dem Wörterkasten.

3 Schreibe *ng* farbig nach.

4 Suche andere Wörter mit *ng* und schreibe sie auf.

5 Diktiert euch Wörter mit *ng*. Überprüft und verbessert sie auch.

W

Australien
Creme
fangen
Flagge
Junge
Känguru
Klang
Kontinent
lang
Ring
singen
streng

Wortbausteine für Verben

weg
hin
ent
vor
ab
um

laufen

6 Schreibe das Verb *laufen* mit den Vorsilben auf: weglaufen, …

7 Bilde Sätze mit den Verben. Schreibe so: Das Känguru läuft weg.

8 Suche passende Vorsilben zu *gehen* und schreibe die Verben auf.

ver
ein
aus
durch

schlafen

9 Schreibe die Verben auf.

Fremdwörter

französisch	deutsch
la monnaie	das Geld
porter	tragen

englisch	deutsch
boy	der Junge
corn	der Mais
cow	die Kuh
flake	die Flocke

1. Was ist ein Portemonnaie? Erkläre es. Finde heraus, aus welcher Sprache es kommt, und zeichne es.

2. Mache es ebenso mit *Cornflakes.*

3. Suche Lindas Wort in der Wörterliste und schreibe es auf.

Merke

Wörter aus anderen Sprachen suche ich unter ähnlich klingenden Buchstaben.
- Clown, Shampoo, E-Mail

4. Suche diese Wörter unter *c* in der Wörterliste und schreibe sie auf.

5. Suche mehr Wörter aus anderen Sprachen und schreibe sie auf.

Dialekte

Schnitte, Röggelchen, Semmel, Knifte, Weck, Rundstück, Bemme, Stulle, Knust, Schrippe

6. In verschiedenen Teilen Deutschlands spricht man anders; man nennt das Dialekt. Zum Beispiel werden Brot und Brötchen anders genannt. Ordne die Wörter. Schreibe so:

Brotscheibe	Brötchen

Schloss	Schaufel	Tasche	Finger	Wiese	Tür
Blume	Bagger	Topf	Deckel	Geld	Ring

1 Schreibe die zusammengesetzten Nomen auf: Schlosstür, …

2 Unterstreiche die Grundwörter rot, die Bestimmungswörter gelb. Wenn du nicht mehr weißt, was das ist, schaue in den gelben Seiten nach.

3 Vertausche Grundwort und Bestimmungswort und schreibe die neuen Nomen auf.

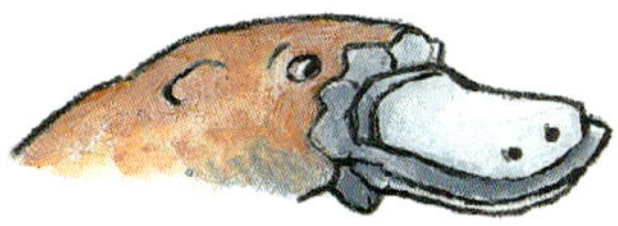

Der Bumera… will si…en
und lässt sich Klä…e bri…en.
Das hört der la…e Ju…e.
Mit Luft füllt sich die Lu…e.
Nun ri…en sie in Tönen.
Ob sie sich wohl versöhnen?

4 Lies das Gedicht. Vervollständige dabei die Wörter.

5 Schreibe das Gedicht ab. Schreibe *ng* farbig nach.

Australien
Australien ist ein Land und ein Kontinent auf der anderen Seite der Erde. Bestimmte Tierarten wie Kängurus, Koalas und Schnabeltiere gibt es nur dort. Sie leben in den weiten, einsamen Gebieten des Landes. In Australien gibt es heute große Farmen und Schafherden. Für einige Kinder ist der Schulweg zu weit. Sie bleiben zu Hause und lernen mit ihrem Lehrer über den Computer.

6 Finde die Namen der anderen Kontinente und schreibe sie auf.

Unser Jahr

1 Schaut euch den Jahresrückblick an.
Was ist im dritten Schuljahr passiert?

2 Drei Karten sind von der Pinnwand abgefallen.
Kannst du sie den richtigen Monaten zuordnen?

3 Was habt ihr im dritten Schuljahr erlebt? Erzählt.

1 Die Kinder schreiben ein Jahrbuch über das dritte Schuljahr.
Wie gehen sie vor?

2 Paul interviewt seine Klassenlehrerin für das Jahrbuch.
Welche Fragen kann er ihr stellen?

Ein Interview durchführen

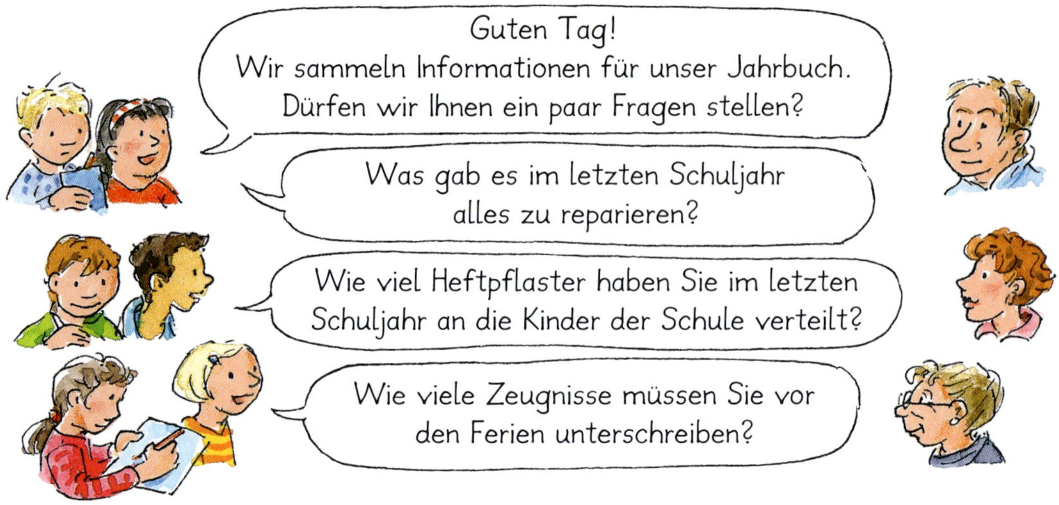

Die Kinder interviewen auch den Hausmeister, die Sekretärin und die Rektorin für ihr Jahrbuch.

1 Lies die Fragen. Mit welcher Frage beginnen die Kinder ihr Interview?

2 Sucht euch eine Person an eurer Schule aus, die ihr gerne interviewen möchtet.

3 Schreibt Fragen für das Interview mit dieser Person auf.

4 Überlegt euch einen Schlusssatz für das Interview und schreibt ihn auf.

Laura und Betül interviewen ihre Lehrerin für das Jahrbuch.
Laura notiert sich dabei Stichpunkte.

5 Führt euer Interview durch, notiert euch dabei Stichpunkte.

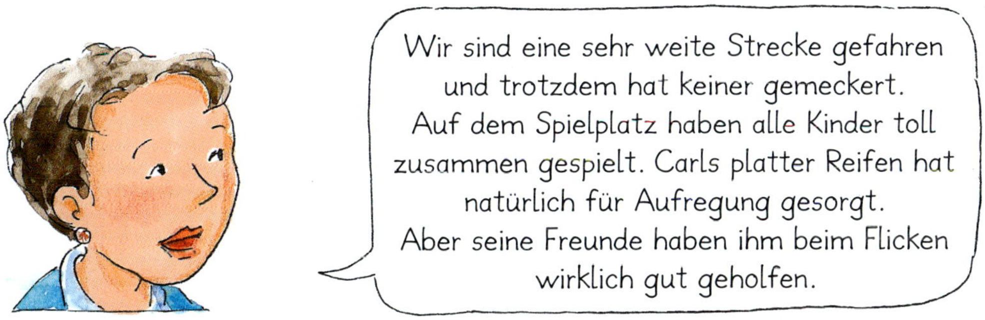

1 Lies den Text. In welcher Zeitform stehen die Verben? Warum?

2 Schreibe die Verben im Perfekt auf. Schreibe daneben das Verb im Präteritum. Schreibe so:

Perfekt	Präteritum
wir sind gefahren	wir …

3 Wie viele Wörter mit drei Silben findest du in dem Text in der Sprechblase?

4 Schreibe einen Text über ein Erlebnis, das du im dritten Schuljahr hattest. Schreibe im Präteritum.

VOR VER AB LES UNG BAR NACH AUF ER LICH EN

5 Bilde mit den Wortbausteinen Wörter und schreibe sie richtig auf.

6 Wie heißt die Wortfamilie?

7 Unterstreiche Adjektive grün, Verben rot und Nomen blau.

8 Bilde mit den Wörtern Sätze.

Schulfächer	Jahreszeiten		
		Reck Barren Kasten Trampolin	Juli Januar Oktober Februar

9 Übertrage die Tabellen in dein Heft. Ergänze die Ober- und Unterbegriffe.

alle kinder arbeiten am jahrbuch. das schreiben der geschichten und das gestalten der seiten macht allen spaß. das buch wird schnell fertig. nun können die ferien anfangen.

Gg

1 Hier sind alle Wörter kleingeschrieben. Schreibe den Text richtig auf. Wenn du unsicher bist, prüfe mit einem Adjektiv. Das Adjektiv muss immer eine Endung haben.

W

Fass
Floß
Jahrbuch
kriechen
Lagerfeuer
nass
reißend
schieben
schließlich
Sommerferien
Strömung
verstauen

2 In welchen Koffer gehören die Wörter?

Schreibe so:

Wörter mit *h*	Wörter ohne *h*	Wörter mit *ie*

Schlage nach, wenn du dir nicht sicher bist.

Zugfahrt in die Ferien
Paul ist spät dran. Er stopft noch sein Buch in den Ko_er und läuft schne_ zum Zug. Paul mu_ sein Gepä_ selbst schle_en. Das ist ganz schön schwer. Er fängt an zu schwi_en. Im Zug ka_ er endlich si_en, etwas e_en und einen Schlu_ trinken.

3 Welche Buchstaben fehlen? Schreibe den Text richtig auf.

Im Zug liest Paul sein Buch.
Paul findet das Buch spannend.
Das Buch handelt von Piraten.

4 Wie kannst du das Wort *Buch* am besten ersetzen? Schreibe die Sätze auf.

kalt | das Wasser im Meer | das Wasser im Freibad | das Wasser im Bergsee

gut | Schule | Ferien | Pause

groß | Eisbecher mit 3 Kugeln | Eisbecher mit 7 Kugeln | Eisbecher mit 5 Kugeln

schnell | Motorboot | Tretboot | Segelboot

1 Vergleiche. Schreibe so: Das Wasser im Freibad ist kalt, das Wasser im Meer ist kälter, …

In den Sommerferien

In den Sommerferien baue ich mir ein Floß. Meine Sachen verstaue ich in einem Fass, damit sie nicht nass werden. Dann schiebe ich das Floß ins Wasser und rase auf der reißenden Strömung dahin. Am Abend zelte ich auf einer Wiese am Fluss. Ich hüpfe um mein Lagerfeuer. Dann schleiche ich durch den dunklen Wald. Schließlich krieche ich müde in mein Zelt.

2 Ordne die Wörter mit *s, ss* und *ß* in eine Tabelle ein.
Schreibe so:

ß	s	ss
Floß		

3 Suche in der Wörterliste noch mehr Wörter mit *ß, s* oder *ss*.
Ordne sie in deine Tabelle ein.

4 Im Text haben sich Wörter aus dem Wortfeld *gehen* versteckt. Welche?

schielen | flüstern | brüllen | glotzen | betrachten | antworten

5 Zu welchen Wortfeldern gehören diese Wörter?

In den Sommerferien baue ich ein Floß.

6 Stelle die Satzteile um. Schreibe alle Möglichkeiten auf.

7 Was hast du in den Ferien vor? Schreibe drei Sätze auf.

A B C D E F G H I J K L M N O P Q R S T U V W X Y Z

Wörterliste

A

das **Abenteuer,** die Abenteuer
abfahren, er fährt ab, sie fuhr ab
abfliegen, er fliegt ab, sie flog ab
der **Abflug,** die Abflüge
abheben, er hebt ab, sie hob ab
ablaufen, er läuft ab, sie lief ab
ablesen, er liest ab, sie las ab
abnehmen, er nimmt ab, sie nahm ab
der **Absatz,** die Absätze
abwechselnd
der **Affe,** die Affen
ähnlich, ähnlicher, am ähnlichsten
alt, älter, am ältesten
am meisten
anfahren, er fährt an, sie fuhr an
der **Anfang,** die Anfänge
anklicken, er klickt an, sie klickte an
anschließend
der **Apfel,** die Äpfel
die **Arbeit,** die Arbeiten
die **Arbeitszeit,** die Arbeitszeiten
der **Astronaut,** die Astronauten
aufhören, er hört auf, sie hörte auf
auflesen, er liest auf, sie las auf
aufschreiben, er schreibt auf, sie schrieb auf
aufstecken, er steckt auf, sie steckte auf
ausdenken, er denkt aus, sie dachte aus
ausfahren, er fährt aus, sie fuhr aus
der **Ausflug,** die Ausflüge
ausgehen, er geht aus, sie ging aus
ausheben, er hebt aus, sie hob aus
ausnehmen, er nimmt aus, sie nahm aus
aussehen, er sieht aus, sie sah aus
die **Ausstellung,** die Ausstellungen
aussterben, er stirbt aus, sie starb aus
Australien
die **Auswahl**
der **Autor,** die Autoren

B

das **Baby,** die Babys
baden, er badet, sie badete
die **Bahn,** die Bahnen
der **Ball,** die Bälle
die **Banane,** die Bananen
der **Basketball,** die Basketbälle
bauen, er baut, sie baute
das **Baumhaus,** die Baumhäuser
befestigen, er befestigt, sie befestigte
das **Beispiel,** die Beispiele
bellen, er bellt, sie bellte
beobachten, er beobachtet, sie beobachtete
der **Bericht,** die Berichte
besonders
besuchen, er besucht, sie besuchte
betrachten, er betrachtet, sie betrachtete
bezahlen, er bezahlt, sie bezahlte

die **Biene,** die Bienen
bieten, er bietet, sie bot
der **Bildschirm,** die Bildschirme
billig, billiger, am billigsten
die **Birne,** die Birnen
bissig, bissiger, am bissigsten
bitten, er bittet, sie bat
blättern, er blättert, sie blätterte
der **Blick,** die Blicke
blinken, er blinkte, sie blinkte
der **Blitz,** die Blitze
die **Bohne,** die Bohnen
der **Bonbon,** die Bonbons
das **Boot,** die Boote
der **Boxer,** die Boxer
das **Brett,** die Bretter
der **Brief,** die Briefe
der **Briefkasten,** die Briefkästen
die **Brille,** die Brillen
das **Brot,** die Brote
die **Brücke,** die Brücken
das **Buch,** die Bücher
die **Bücherei,** die Büchereien
die **Büchse,** die Büchsen
sich **bücken,** er bückt sich,
sie bückte sich
bunt, bunter, am buntesten
die **Butter**

C

das **Camping**
der **Cent,** die Cents
der **Chauffeur,** die Chauffeure
der **Chor,** die Chöre
der **Comic,** die Comics
der **Computer,** die Computer
die **Cornflakes**
die **Couch,** die Couchen
der **Cowboy,** die Cowboys
die **Creme,** die Cremes

D

der **Dachs,** die Dachse
danach
dann
denken, er denkt, sie dachte
der **Detektiv,** die Detektive
der **Dieb,** die Diebe
dies
drücken, er drückt, sie drückte
der **Drucker,** die Drucker
durstig, durstiger, am durstigsten

E

die **Eidechse,** die Eidechsen
eigentlich
ein bisschen
einhalten, er hält ein, sie hielt ein
die **Eintrittskarte,** die Eintrittskarten
das **Eisen,** die Eisen
eklig, ekliger, am ekligsten
die **E-Mail,** die E-Mails
entdecken, er entdeckt,
sie entdeckte
entlaufen, er entläuft, sie entlief
entstehen, er entsteht,
sie entstand
die **Erdbeere,** die Erdbeeren
erfahren, er erfährt, sie erfuhr
die **Erfahrung,** die Erfahrungen
erfolgreich, erfolgreicher,
am erfolgreichsten
erheben, er erhebt, sie erhob
erklären, er erklärt, sie erklärte
die **Ernährung**
errichten, er errichtet, sie errichtete
erzählen, er erzählt, sie erzählte
essen, er isst, sie aß
etwas
extra

F

fähig, fähiger, am fähigsten
die **Fahne,** die Fahnen
fahren, er fährt, sie fuhr
das **Fahrrad,** die Fahrräder
die **Fahrt,** die Fahrten
fair, fairer, am fairsten
fangen, er fängt, sie fing
das **Fass,** die Fässer
der **Federball,** die Federbälle
fehlen, er fehlt, sie fehlte
der **Fehler,** die Fehler
die **Ferien**
die **Flagge,** die Flaggen
flechten, er flechtet, sie flocht
flehen, er fleht, sie flehte
fliehen, er flieht, sie floh
fließen, er fließt, sie floss
der **Floh,** die Flöhe
das **Floß,** die Flöße
der **Flügel,** die Flügel
der **Fluggast,** die Fluggäste
die **Flugreise,** die Flugreisen
das **Flugzeug,** die Flugzeuge
der **Fluss,** die Flüsse
flüssig, flüssiger, am flüssigsten
das **Foul,** die Fouls
fragen, er fragt, sie fragte
fressen, er frisst, sie fraß
freundlich, freundlicher, am freundlichsten
friedlich, friedlicher, am friedlichsten
frisch, frischer, am frischesten
froh, froher, am frohsten
die **Frucht,** die Früchte
früh, früher, am frühsten
der **Frühling**
der **Frühlingsanfang,** die Frühlingsanfänge
der **Fuchs,** die Füchse
fühlen, er fühlt, sie fühlte
führen, er führt, sie führte
der **Fuß,** die Füße
der **Fußball,** die Fußbälle
das **Fußballfeld,** die Fußballfelder

G

die **Garage,** die Garagen
geben, er gibt, sie gab
gefährlich, gefährlicher, am gefährlichsten
gefallen, er gefällt, sie gefiel
die **Gegenwart**
geheim, geheimer, am geheimsten
gehen, er geht, sie ging
genießen, er genießt, sie genoss
das **Gepäck**
das **Gespräch,** die Gespräche
der **Gestank**
gesund, gesünder, am gesündesten
das **Gewitter,** die Gewitter
das **Glas,** die Gläser
gleich
das **Gleitlager,** die Gleitlager
die **Glocke,** die Glocken
das **Glück**
das **Glückskind,** die Glückskinder
glühen, er glüht, sie glühte
groß, größer, am größten
gucken, er guckt, sie guckte
der oder: das **Gummi,** die Gummis
die **Gurke,** die Gurken
gut, besser, am besten

H

das **Haar,** die Haare
der **Haken,** die Haken
der **Hammer,** die Hämmer

die **Hand**, die Hände
die **Handarbeit**, die Handarbeiten
der **Handball**, die Handbälle
handeln, er handelt, sie handelte
hart, härter, am härtesten
der **Hase**, die Hasen
heiß, heißer, am heißesten
heißen, er heißt, sie hieß
die **Heizung**, die Heizungen
helfen, er hilft, sie half
das **Herz**, die Herzen
die **Hexe**, die Hexen
hinlaufen, er läuft hin, sie lief hin
hinten
hoch, höher, am höchsten
die **Höhe**, die Höhen
die **Höhle**, die Höhlen
Holland
das **Holz**, die Hölzer
der **Holzspieß**, die Holzspieße
der **Honig**
die **Hose**, die Hosen
der **Hund**, die Hunde
hungern, er hungert, sie hungerte
hungrig, hungriger, am hungrigsten
der **Hüpfball**, die Hüpfbälle
die **Hütte**, die Hütten

I

Ibiza
die **Idee**, die Ideen
ihm
ihn
ihr
immer
informieren, er informiert, sie informierte
die **Insel**, die Inseln
Italien

J

die **Jagd**, die Jagden
das **Jahrbuch**, die Jahrbücher
jetzt
jung, jünger, am jüngsten
der **Junge**, die Jungen

K

der **Kaffee**, die Kaffees
kalt, kälter, am kältesten
das **Känguru**, die Kängurus
die **Kanne**, die Kannen
der **Käse**
der **Keks**, die Kekse
die **Kerze**, die Kerzen
die **Kette**, die Ketten
das **Kind**, die Kinder
kippen, er kippt, sie kippte
der **Klang**, die Klänge
klar, klarer, am klarsten
die **Klassenpost**
der **Klassenvertrag**, die Klassenverträge
der **Klee**
das **Kleeblatt**, die Kleeblätter
das **Knäckebrot**, die Knäckebrote
knallen, er knallt, sie knallte
die **Knete**
kneten, er knetet, sie knetete
knirschen, er knirscht, sie knirschte
der **Koffer**, die Koffer
kommen, er kommt, sie kam
können, er kann, sie konnte
der **Kontinent**, die Kontinente
der **Korb**, die Körbe
der **Korbball**, die Korbbälle
der **Korken**, die Korken
die **Krähe**, die Krähen

A B C D E F G H I J K L M N O P Q R S T U V W X Y Z

der **Kranz,** die Kränze
der **Kreis,** die Kreise
kriechen, er kriecht, sie kroch
kriegen, er kriegt, sie kriegte
die **Kuh,** die Kühe
kühl, kühler, am kühlsten

L

das **Lagerfeuer,** die Lagerfeuer
lahm, lahmer, am lahmsten
lang, länger, am längsten
laufen, er läuft, sie lief
der **Läufer,** die Läufer
leben, er lebt, sie lebte
lecker, leckerer, am leckersten
der **Lehm**
der **Lehrer,** die Lehrer
die **Lehrerin,** die Lehrerinnen
der **Lenker,** die Lenker
lesbar, lesbarer, am lesbarsten
lesen, er liest, sie las
der **Leser,** die Leser
leserlich, leserlicher, am leserlichsten
die **Lesung,** die Lesungen
das **Lexikon,** die Lexika
das **Lieblingsfach,** die Lieblingsfächer
liegen, er liegt, sie lag
der **Löffel,** die Löffel
losfliegen, er fliegt los, sie flog los
die **Lunge,** die Lungen
die **Lupe,** die Lupen

M

mächtig, mächtiger, am mächtigsten
die **Made,** die Maden
malen, er malt, sie malte
manchmal
die **Mannschaft,** die Mannschaften
das **Märchenbuch,** die Märchenbücher
die **Märchenzeit,** die Märchenzeiten
das **Material,** die Materialien
meckern, er meckert, sie meckerte
der **Medizinball,** die Medizinbälle
das **Meer,** die Meere
das **Mehl**
mehr
das **Messer,** die Messer
die **Milchstraße**
mitbringen, er bringt mit, sie brachte mit
die **Mitteilung,** die Mitteilungen
möglichst
die **Möhre,** die Möhren
der **Montag,** die Montage
der **Montagskreis**
Müll
die **Mühe,** die Mühen
die **Muschel,** die Muscheln
müssen, er muss, sie musste
die **Mütze,** die Mützen

N

nachdenken, er denkt nach, sie dachte nach
nachlesen, er liest nach, sie las nach
die **Nachricht,** die Nachrichten
die **Nahrung**
nass, nasser, am nassesten
nehmen, er nimmt, sie nahm
das **Netz,** die Netze

O

das **Obst**
der **Obstspieß,** die Obstspieße
das **Obststück,** die Obststücke
ohne
das **Ohr,** die Ohren

P

packen, er packt, sie packte
die **Paprika,** die Paprika
der **Parkplatz,** die Parkplätze
peinlich, peinlicher, am peinlichsten
pfeifen, er pfeift, sie pfiff
das **Pflaster,** die Pflaster
der **Pilz,** die Pilze
die **Pizza,** die Pizzen
der **Platz,** die Plätze
platzen, er platzt, sie platzte
plötzlich
die **Pommes frites**
das **Portemonnaie,** die Portemonnaies
prahlen, er prahlt, sie prahlte
das **Programm,** die Programme
die **Puppe,** die Puppen
putzen, er putzt, sie putzte

Q

der **Quatsch**
quietschen, er quietscht, sie quietschte

R

das **Radieschen,** die Radieschen
der **Rahmen,** die Rahmen
raten, er rät, sie riet
die **Ratte,** die Ratten
rauben, er raubt, sie raubte
der **Räuber,** die Räuber
der **Regen**
der **Regenbogen,** die Regenbogen oder: die Regenbögen
der **Regentropfen,** die Regentropfen
das **Reh,** die Rehe
die **Reihenfolge,** die Reihenfolgen
die **Reise,** die Reisen
reisen, er reist, sie reiste
reißen, er reißt, sie riss
reißend, reißender, am reißendsten
reiten, er reitet, sie ritt
rennen, er rennt, sie rannte
die **Richtung,** die Richtungen
riesig, riesiger, am riesigsten
der **Ring,** die Ringe
ringen, er ringt, sie rang
der **Rock,** die Röcke
rosa
die **Rose,** die Rosen
der **Rücken,** die Rücken
das **Rudel,** die Rudel
rufen, er ruft, sie rief
die **Ruhe**
ruhig, ruhiger, am ruhigsten
rühren, er rührt, sie rührte

S

die **Sache,** die Sachen
saftig, saftiger, am saftigsten
sagen, er sagt, sie sagte
der **Salat,** die Salate
das **Salz,** die Salze
sammeln, er sammelt, sie sammelte
sausen, er saust, sie sauste
schälen, er schält, sie schälte
der **Schatten,** die Schatten

A B C D E F G H I J K L M N O P Q R S T U V W X Y Z

schieben, er schiebt, sie schob
schief, schiefer, am schiefsten
die **Schiefertafel,** die Schiefertafeln
schießen, er schießt, sie schoss
das **Schiff,** die Schiffe
das **Schild,** die Schilder
der **Schinken,** die Schinken
schlafen, er schläft, sie schlief
schlank, schlanker, am schlanksten
schleichen, er schleicht, sie schlich
schleppen, er schleppt, sie schleppte
schließen, er schließt, sie schloss
schließlich
der **Schluck,** die Schlucke
schmelzen, er schmilzt, sie schmolz
schneiden, er schneidet, sie schnitt
schnell, schneller, am schnellsten
die **Schokolade**
die **Schönheit,** die Schönheiten
schrecklich, schrecklicher, am schrecklichsten
schreiben, er schreibt, sie schrieb
die **Schubkarre,** die Schubkarren
der **Schuh,** die Schuhe
die **Schule,** die Schulen
der **Schutz**
schützen, er schützt, sie schützte
der **Schwan,** die Schwäne
der **Schwanz,** die Schwänze
das **Schwimmbad,** die Schwimmbäder
schwitzen, er schwitzt, sie schwitzte
sechs
der **See,** die Seen
der **Seestern,** die Seesterne
segeln, er segelt, sie segelte
sehen, er sieht, sie sah
sehr
seitlich, seitlicher, am seitlichsten
selbst
die **Sendung,** die Sendungen
setzen, er setzt, sie setzte
das **Shampoo**
sieben
der **Sieg,** die Siege
siegen, er siegt, sie siegte
singen, er singt, sie sang
sitzen, er sitzt, sie saß
das **Skateboard,** die Skateboards
das **Sofa,** die Sofas
der **Sohn,** die Söhne
die **Sommerferien**
die **Sonne,** die Sonnen
sorgen, er sorgt, sie sorgte
die **Soße,** die Soßen
spannend, spannender, am spannendsten
speichern, er speichert, sie speicherte
spielen, er spielt, sie spielte
der **Spieß,** die Spieße
die **Spinne,** die Spinnen
spitz, spitzer, am spitzesten
der **Spitzer,** die Spitzer
der **Sport**
der **Sportverein,** die Sportvereine
springen, er springt, sie sprang
die **Spur,** die Spuren
der **Stamm,** die Stämme
stattfinden, er findet statt, sie fand statt
stecken, er steckt, sie steckte
stehen, er steht, sie stand
stehlen, er stiehlt, sie stahl
der **Stern,** die Sterne
die **Sternschnuppe,** die Sternschnuppen
der **Stiefel,** die Stiefel
der **Stiel,** die Stiele
still, stiller, am stillsten

stöbern, er stöbert, sie stöberte
der **Stopp,** die Stopps
strahlen, er strahlt, sie strahlte
der **Strand,** die Strände
der **Strandkorb,** die Strandkörbe
die **Straße,** die Straßen
der **Strauß,** die Sträuße
strecken, er streckt, sie streckte
der **Streit**
streng, strenger, am strengsten
die **Strömung,** die Strömungen
das **Stück,** die Stücke
der **Stuhl,** die Stühle
suchen, er sucht, sie suchte

T

der **Tag,** die Tage
täglich
die **Tanne,** die Tannen
die **Tasse,** die Tassen
das **Taxi,** die Taxis
tief, tiefer, am tiefsten
der **Tiger,** die Tiger
der **Titel,** die Titel
die **Tonne,** die Tonnen
der **Topf,** die Töpfe
tragen, er trägt, sie trug
die **Traube,** die Trauben
der **Traum,** die Träume
träumen, er träumt, sie träumte
traurig, trauriger, am traurigsten
der **Trick,** die Tricks
der **Trickfilm,** die Trickfilme
trinken, er trinkt, sie trank
der **Trinkhalm,** die Trinkhalme
die **Trommel,** die Trommeln
trotzdem
die **Truhe,** die Truhen
die **Türkei**
das **Turngerät,** die Turngeräte

U

überlegen, er überlegt, sie überlegte
die **Uhr,** die Uhren
unternehmen, er unternimmt, sie unternahm
unterschreiben, er unterschreibt, sie unterschrieb
der **Urlaub,** die Urlaube
die **Urlaubsreise,** die Urlaubsreisen

V

das **Verbot,** die Verbote
das **Verbotsschild,** die Verbotsschilder
verdächtig, verdächtiger, am verdächtigsten
das **Vereinshaus,** die Vereinshäuser
verfolgen, er verfolgt, sie verfolgte
die **Vergangenheit**
verschieden, verschiedener, am verschiedensten
versöhnen, er versöhnt, sie versöhnte
verstauen, er verstaut, sie verstaute
verstehen, er versteht, sie verstand
vertragen, er verträgt, sie vertrug
verwandt
verwenden, er verwendet, sie verwendete
viel, mehr, am meisten
vier
vierzig
violett
der **Vogel,** die Vögel
das **Vorbild,** die Vorbilder

vorfahren, er fährt vor, sie fuhr vor
der **Vorhang,** die Vorhänge
vorlaufen, er läuft vor, sie lief vor
vorlesen, er liest vor, sie las vor
die **Vorlesung,** die Vorlesungen
sich **vornehmen,** er nimmt sich vor, sie nahm sich vor

W

die **Waage,** die Waagen
wachsen, er wächst, sie wuchs
wahr
die **Wand,** die Wände
warm, wärmer, am wärmsten
waschen, er wäscht, sie wusch
der **Wasserski,** die Wasserski
wechseln, er wechselt, sie wechselte
der **Wecker,** die Wecker
wegfahren, er fährt weg, sie fuhr weg
weggehen, er geht weg, sie ging weg
weglaufen, er läuft weg, sie lief weg
wegnehmen, er nimmt weg, sie nahm weg
wehen, er weht, sie wehte
der **Weitsprung,** die Weitsprünge
der **Weizen**
die **Wellpappe,** die Wellpappen
die **Werbung,** die Werbungen
das **Werkzeug,** die Werkzeuge
das **Wetter**
der **Wetterbericht,** die Wetterberichte
wichtig, wichtiger, am wichtigsten
wieder
wiehern, er wiehert, sie wieherte
die **Wiese,** die Wiesen
wild, wilder, am wildesten
das **Windrad,** die Windräder
der **Witz,** die Witze
wohnen, er wohnt, sie wohnte
die **Wolke,** die Wolken
wollen, er will, sie wollte
wütend, wütender, am wütendsten

X

x-beinig

Y

der **Yeti,** die Yetis

Z

die **Zahl,** die Zahlen
zählen, er zählt, sie zählte
zähmen, er zähmt, sie zähmte
der **Zahn,** die Zähne
der **Zeh,** die Zehen
die **Zeit,** die Zeiten
das **Zelt,** die Zelte
zelten, er zeltet, sie zeltete
die **Ziege,** die Ziegen
ziehen, er zieht, sie zog
ziemlich
die **Zucchini,** die Zucchini
der **Zucker**
zuletzt
zurechtschneiden, er schneidet zurecht, sie schnitt zurecht
zusammen
der **Zweig,** die Zweige
zwischen

Fachbegriffe

Diese Begriffe sind nach dem Abc geordnet. Manche Begriffe musst du doppelt suchen. Für den Begriff „Vergleichsstufe“ z. B. suchst du zuerst den Begriff. Dort findest du den Verweis, dass du unter „Adjektiv“ nachlesen kannst, was eine Vergleichsstufe ist. Das haben wir so gemacht, weil es Vergleichsstufen nur beim Adjektiv gibt.

Adjektiv

- *klein*, das *kleine* Kind
- *groß*, der *große* Hund

Adjektive sind Wörter, die man zwischen Artikel und Nomen setzen kann. Sie geben an, wie jemand oder etwas ist.

S. 23, 30, 43, 71

Adjektive kann man verändern. Die Form ohne Endung ist die Grundform.

- dem *klein**en*** Hund

Adjektive, die vor einem Nomen stehen, haben eine Endung *(-e, -er, -en, -em, -es).*

- *klein – kleiner – am kleinsten*
- *breit – breiter – am breitesten*
- *groß – größer – am größten*

Mit Adjektiven kann man vergleichen. Dazu müssen sie gesteigert werden. Man unterscheidet Grundstufe, erste Vergleichsstufe und zweite Vergleichsstufe.

Artikel

- *der, die, das*
- *ein, eine*

Zu jedem Nomen gibt es einen passenden Begleiter. Man nennt ihn Artikel. Es gibt bestimmte und unbestimmte Artikel.

Aufforderungssatz und Ausrufezeichen

- *Hole bitte die Puppe!*
- *Pass auf!*

Am Ende eines Aufforderungssatzes steht oft ein Ausrufezeichen.

Aussagesatz und Punkt

- *Der Igel rennt weg.*
- *Er sucht seine Höhle.*

Am Ende eines Aussagesatzes steht ein Punkt. Am Anfang eines Satzes schreibt man groß.

Doppellaut

- *ei, eu, au*

Ein Doppellaut ist aus zwei Selbstlauten zusammengesetzt.

Einzahl und Mehrzahl

- *der Stift, die Stifte*
- *die Ente, die Enten*
- *das Kind, die Kinder*

Nomen gibt es in der Einzahl und in der Mehrzahl.

Endung

- *Stift**e**, Ent**en***
- *wir spiel**en**, er spiel**t***
- *das alt**e** groß**e** Haus, heiß**es** Wasser*

Nomen, Verben und Adjektive kann man verändern. Der Wortstamm bleibt gleich. Was beim Verändern hinzugefügt wird, nennt man Endung.

S. 23, 34

Fragesatz und Fragezeichen

- *Wo ist der Igel**?***
- *Weißt du es**?***

Am Ende eines Fragesatzes steht ein Fragezeichen.

Grundform

- *Stift, Ente, Kind*
- *spielen, singen, sagen*
- *alt, weich, groß*

Nomen, Verben und Adjektive kann man verändern. Im Wörterbuch stehen Wörter in der Grundform.

Grundstufe

- *klein*

Adjektiv

S. 43, 71

Mehrzahl

- *Hunde, Katzen, Kinder*

Einzahl und Mehrzahl

Mitlaut

- *b, c, d, f, g, h, j, k, l, m, n, p, q, r, s, t, v, w, x, y, z*

Alle Buchstaben, die keine Selbstlaute (Vokale) sind, heißen Mitlaute (Konsonanten).

Nomen

- *der Ball – die Bälle*
- *die Stunde – die Stunden*
- *das Kind – die Kinder*

Wörter, für die es eine Einzahl und eine Mehrzahl gibt, nennt man Nomen. Zu jedem Nomen gibt es einen passenden Artikel.

Nomen kann man verändern. Die Einzahl ist die Grundform. Nomen werden großgeschrieben.

Perfekt • *ich sage – ich habe gesagt* • *ich laufe – ich bin gelaufen*	Die Zeit früher nennt man Vergangenheit. Für die Vergangenheit gibt es zwei Zeitformen. Beim Sprechen über die Vergangenheit benutzen wir das Perfekt. Das Perfekt besteht aus zwei Teilen.	☞ S. 51, 68
Personalformen des Verbs • *ich rede, du redest* • *er/sie/es redet* • *wir reden, ihr redet, sie reden*	Beim Gebrauch verändern sich Verben nach der Situation. Die veränderten Formen heißen Personalformen des Verbs.	☞ S. 45
Präsens • *ich sage, ich renne*	Die Zeit, die wir gerade erleben, nennt man Gegenwart. Die Zeitform der Gegenwart heißt Präsens.	☞ S. 52
Präteritum • *sagen – ich sagte* • *laufen – ich lief*	Die Zeit früher nennt man Vergangenheit. Für die Vergangenheit gibt es zwei Zeitformen. Beim Schreiben über die Vergangenheit benutzen wir das Präteritum. Manchmal verändert sich der Wortstamm.	☞ S. 51, 69
Pronomen • *Der Wolf ist wild.* ***Er** lebt im Rudel.*	Pronomen sind Wörter, die du anstelle von Nomen oder Namen einsetzen kannst.	☞ S. 101
Satzarten	Es gibt drei verschiedene Satzarten: Aussagesätze, Fragesätze und Aufforderungssätze.	
Satzteile • *Ein Junge sitzt auf der Bank.* *Auf der Bank sitzt ein Junge.*	Wörter, die man in einem Satz umstellen kann, heißen Satzteile.	☞ S. 90
Selbstlaut • *a, e, i, o, u, ä, ö, ü*	Selbstlaute sind besondere Buchstaben. Man nennt sie auch Vokale. Auch Umlaute sind Vokale.	

Silbe • *Kind* • *Kinder* • *arbeiten* • *Geisterstunde*	Ein Wort kann aus einer oder aus mehreren Silben bestehen. Viele Wörter haben zwei Silben. Jede Silbe braucht einen Selbstlaut.	
Steigerung	☞ Adjektiv	☞ S. 43
Umlaut • *ä, ö, ü*	Umlaute sind besondere Selbstlaute.	
Verb • ***spielen*** *– ich spiele, du spielst, er/sie/es spielt, wir spielen, ihr spielt, sie spielen* • *ich sage, ich sagte, ich habe gesagt* • *ich laufe, ich lief, ich bin gelaufen*	Wörter, vor die man *wir* setzen kann, heißen Verben. Verben kann man verändern. Die *wir*-Form ist die Grundform von Verben. Die verschiedenen Formen heißen Personalformen oder gebeugte Verbformen. Verben haben verschiedene Zeitformen. Über die Gegenwart sprechen und schreiben wir im Präsens. Im Perfekt sprechen wir über die Vergangenheit. Das Präteritum benutzen wir, wenn wir über die Vergangenheit schreiben.	☞ S. 45, 51, 52, 68, 69
Vergangenheitsformen • *ich sagte – ich habe gesagt* • *ich rannte – ich bin gerannt*	Es gibt verschiedene Vergangenheitsformen. In der gesprochenen Sprache benutzen wir meistens das *Perfekt,* in der geschriebenen Sprache meistens das *Präteritum.*	☞ S. 51, 68, 69
Vergleichsstufen • klein*: kleiner – am kleinsten*	☞ Adjektiv	☞ S. 43, 71
Verwandte Wörter • *Wand – Wände* • *Traum – Träume – träumen* • *Schutz – schützen* • *Zelt – zelten*	Wörter, die denselben Wortstamm haben, gehören zu einer Wortfamilie. Man nennt sie auch verwandte Wörter. Manchmal kann sich der Vokal oder Umlaut ändern.	☞ S. 21
Wortarten	Nomen, Verben, Adjektive, Artikel und Pronomen sind verschiedene Wortarten.	

Wortbausteine

- *Vor-stell-ung-en*
- *un-glaub-lich-es*

Es gibt vier Arten von Wortbausteinen: Wortstämme, Vorsilben, Nachsilben und Endungen. Aus Wortbausteinen können neue Wörter gebildet werden.

☞ S. 34

Wortfamilie

- ***spielen:*** *Spielplatz, Spieler, mitspielen, …*

Wörter, die denselben Wortstamm haben, gehören zu einer Wortfamilie. Sie sind verwandte Wörter.

☞ S. 21

Wortfeld

- ***gehen:*** *gehen, spazieren, rennen, schlendern, …*

Wörter, die ähnliche Bedeutung haben, bilden ein Wortfeld.

☞ S. 45, 60

Wörtliche Rede

- *Die Fee sagte: „Ich verwandele dich in einen Frosch!“*

Wenn man aufschreibt, was jemand sagt, heißt das wörtliche Rede. Vor der wörtlichen Rede steht ein Begleitsatz mit einem Doppelpunkt.

☞ S. 59

Wortstamm

- ***spiel****en,* ***Spiel****platz,* ***Spiel****er, …*

Der Wortstamm ist der Wortteil, der bei den Wörtern einer Wortfamilie gleich ist.

Zeitformen

- *es regnet*
- *es regnete*
- *es hat geregnet*

Die vergangene Zeit nennen wir Vergangenheit. Die Zeit, die wir gerade erleben, nennen wir Gegenwart. Die Zeitform der Gegenwart heißt *Präsens,* die Zeitformen der Vergangenheit heißen *Präteritum* und *Perfekt.*

☞ S. 51, 52

Zusammengesetzte Nomen

- *der Federball*
- *die Hausaufgabe*
- *das Taschengeld*
- *der Hüpfball*

Zusammengesetzte Nomen bestehen aus dem Bestimmungswort und dem Grundwort. Das Bestimmungswort steht zuerst und macht das Grundwort genauer. Der Artikel richtet sich nach dem Grundwort.

- *die Urlaubsreise*

Manchmal muss man ein Binde-*s* einfügen.

☞ S. 24

Zwielaut

- *ei, eu, au*

Zwielaut ist ein anderes Wort für Doppellaut.

Rechtschreibung

Duden-Karten

Wenn du Wörter und Sätze richtig schreiben möchtest, helfen dir die Duden-Karten. Es gibt davon sechs verschiedene:

S. 20

Bei vielen Wörtern findest du durch Verlängern heraus, wie sie geschrieben werden.

Nach kurzem Selbstlaut in der ersten Silbe musst du einen einzelnen Mitlaut verdoppeln.

Wörter einer Wortfamilie haben denselben Wortstamm. Du schreibst ihn immer gleich.

Satzanfänge und Nomen schreibst du groß.

Wenn du weißt, wie die einzelnen Bausteine eines Wortes geschrieben werden, kannst du das ganze Wort richtig schreiben.

S. 34

Bei manchen Wörtern musst du auswendig wissen, wie du sie schreibst. Es sind Merkwörter.

Verlängern:
Bei vielen Wörtern findet man durch Verlängern heraus, wie sie geschrieben werden:

- *Hund – Hunde, Zug – Züge*

Bei Nomen bildet man zum Verlängern die Mehrzahl.

- *gelb – eine gelbe Blume*

Adjektive setzt man zum Verlängern vor ein Nomen.

- *sie fliegt – wir fliegen*

Bei Verben bildet man die Grundform (*wir*-Form).

Silben:

- *Blu-me, Wol-ke*

Endet die erste Silbe mit einem Selbstlaut, ist der Selbstlaut lang. Endet die erste Silbe mit einem Mitlaut, ist der Selbstlaut kurz.

Wörter mit kurzem Selbstlaut

- *Spinne, Tasse, kommen*

Nach einem kurzen Selbstlaut in der ersten Silbe folgen mindestens zwei Mitlaute. Hört man nach einem kurzen Selbstlaut nur einen Mitlaut, dann muss er beim Schreiben verdoppelt werden, damit es wieder zwei sind.

- *rennt – rennen*
- *hell – der helle Stern*
- *Schiff – Schiffe*

Oft muss man ein Wort verlängern, um herauszufinden, ob man einen Konsonanten verdoppeln muss.

S. 96

- *Glo**ck**e, meckern*

Statt *kk* nach kurzem Selbstlaut schreibt man *ck*.

S. 46

- *Mü**tz**e, sitzen*

Statt *zz* nach kurzem Selbstlaut schreibt man *tz*.

S. 46

Wörter mit langem Selbstlaut

- *Vater, reden, Hose, Bluse, böse*

Wörter mit langem Selbstlaut werden meistens ohne *h* geschrieben.

S. 52

- *ge**h**en, ruhen, drohen*
- *sie ge**h**t, er ruht, es droht*

Endet eine Silbe mit einem Selbstlaut und fängt die nächste Silbe mit einem Selbstlaut an, wird zwischen die beiden Silben ein *h* geschrieben. Das silbentrennende *h* wird in allen Formen des Wortes geschrieben.

S. 60

- *L**ie**be, Riese, wiegen – Tiger*

In Wörtern mit langem *i* wird meistens *ie* geschrieben; Ausnahmen muss man sich merken.

S. 53

Verwandte Wörter:

S. 21

- ***fahr**en – er **fähr**t – ich **fuhr***
- *Gefahr – gefährlich*
- *Traum – träumen*
- *Schutz – schützen*

Wörter einer Wortfamilie sind verwandte Wörter und haben den gleichen Wortstamm. Verwandte Wörter werden gleich geschrieben. Der Selbstlaut im Stamm kann sich ändern.

Gg

Großschreibung:

- *Gerne gehe ich in die Schule. Das macht mir Spaß.*

Satzanfänge schreibt man groß.

• *der Ball, die Pause, das Fest, die Kinder*	Nomen schreibt man groß.	
• *das **laute B**ellen des großen Hundes*	Manchmal werden auch andere Wörter als Nomen großgeschrieben. Kannst du in einem Satz vor ein Wort ein Adjektiv setzen, dann schreibe das Wort groß. Das Adjektiv muss eine Endung haben.	S. 30
• *Bitte bringen **Sie** Fotos mit. Wir danken **Ihnen.***	Die höfliche Anrede wird großgeschrieben.	S. 50
	Wortbausteine:	S. 34
• *Vor-stell-ung-en* • *un-glaub-lich-es* • *fahr-en, weg-fahr-en, ge-fähr-lich*	Wörter sind aus Wortbausteinen zusammengesetzt. Es gibt vier Arten von Wortbausteinen: Wortstämme, Vorsilben, Nachsilben und Endungen. Wenn du weißt, wie die Bausteine geschrieben werden, kannst du das ganze Wort richtig schreiben.	
	Merkwörter:	S. 29
• *Obst, Vogel, Baby, fair*	Bei manchen Wörtern muss man auswendig wissen, wie sie geschrieben werden.	
Dehnungs-*h* • *Hö**h**le, Ra**h**men, wo**h**nen, fa**h**ren*	In manchen Wörtern mit langem Selbstlaut wird nach dem Selbstlaut ein *h* geschrieben. Ein Dehnungs-*h* steht fast nur vor den Buchstaben *l, m, n* und *r* im Wortstamm. Diese Wörter muss man sich merken.	S. 78
Doppelter Selbstlaut • *B**oo**t, S**aa**l, B**ee**re*	In ganz wenigen Wörtern wird der lange Selbstlaut verdoppelt.	S. 44
	Schwierige Buchstaben	
s oder *ß*? • *Ro**s**e, rei**s**en, bö**s**e – rei**ß**en, gro**ß**e Fü**ß**e*	Nach langem Selbstlaut oder nach Doppellaut schreibt man den summenden *s*-Laut mit *s*, den zischenden *s*-Laut mit *ß*.	S. 89
v oder *f*? • ***V**ogel, **V**ater, **V**ase*	In Wörtern mit *v* klingt das *v* manchmal wie *w*, manchmal wie *f*. Wörter mit *v* muss man sich merken.	

- ***ver**graben, **vor**tragen*

Die Wortbausteine ***ver-*** und ***vor-*** schreibt man mit ***v.***

Wörter mit *st* und *sp* am Anfang

- *Stein, Stock, Spinne, Spatz*

Am Wortanfang hört man *scht* und *schp,* aber man schreibt *st* und *sp.*

Wörter mit *qu* am Anfang

- *Quatsch, quietschen*

Am Wortanfang hört man *kw,* aber man schreibt *qu.*

Silbentrennung am Zeilenende

Silbentrennung

- *Blu-me, Wol-ke, Haus-auf-ga-ben, kom-men*

Am Zeilenende kannst du ein Wort nach Silben trennen, wenn der Platz nicht ausreicht. S. 44

Satzzeichen

Satzzeichen

- . ? ! , : „“

Es gibt verschiedene Satzzeichen: Punkt, Fragezeichen, Ausrufezeichen, Komma, Doppelpunkt, Redezeichen.

Punkt

- *Der Igel rennt weg*. *Er sucht seine Höhle*.

Nach einem Aussagesatz steht ein Punkt.

Fragezeichen

- *Wo ist der Igel*? *Weißt du es?*

Nach einem Fragesatz steht ein Fragezeichen.

Ausrufezeichen

- *Hole bitte die Puppe*! *Pass auf!*

Nach einem Aufforderungssatz steht oft ein Ausrufezeichen.

Redezeichen

- *Der Zwerg sagt: „Finde den Schatz.“*

Wenn man aufschreibt, was jemand sagt, heißt das wörtliche Rede. Die wörtliche Rede setzt man in Redezeichen. Vor der wörtlichen Rede steht ein Begleitsatz mit einem Doppelpunkt. S. 59

Arbeitstechniken

abschreiben

Richtig abschreiben heißt: abschreiben, überprüfen und verbessern. So geht es:
1. Lies einen ganzen Satz.
2. Teile ihn in Abschnitte ein, die du dir merken kannst. Achte auf schwierige Stellen.
3. Lies den ersten Abschnitt und merke ihn dir.
4. Schreibe den Abschnitt aus dem Gedächtnis in dein Heft.
5. Mache es mit den weiteren Abschnitten ebenso.
6. Überprüfe Wort für Wort und verbessere deine Fehler.

S. 8

Fehler finden

So kannst du Fehler finden:
- Lies den Text langsam Wort für Wort.
- Lies den Text rückwärts.
- Lies den Text in Silben.

S. 14

Fragediktat

So geht es:
1. Ein Kind diktiert den Text Satz für Satz.
2. Nach jedem Satz kannst du nach einem Wort fragen, bei dem du nicht sicher bist.
3. Das Kind, das diktiert, gibt nur Tipps, wie das Wort geschrieben wird: verlängern, verwandte Wörter suchen …
4. Zum Schluss überprüfe und verbessere deinen Text.

S. 25

Ideensammlung

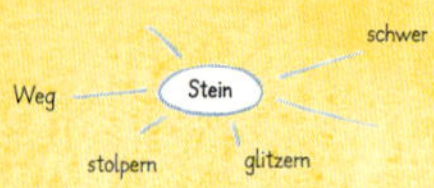

Wenn du deinen eigenen Text schreiben willst, beginne mit einer Ideensammlung. Schreibe dazu alle Wörter auf, die dir zu diesem Thema einfallen. Das hilft dir dabei, einen guten Text zu schreiben.

S. 28

Partnerdiktat

So geht es:
1. Schreibt abwechselnd einen Satz.
2. Schaut schon beim Schreiben, ob euer Partner richtig schreibt.
3. Wenn ihr einen Fehler seht, sagt ihr leise HALT!
4. Kommt euer Partner nicht von allein auf die richtige Schreibweise, dürft ihr helfen und Tipps geben.

S. 17

Rechtschreibung überprüfen und verbessern

So kannst du deinen Text auf Rechtschreibfehler überprüfen und verbessern:
1. Lies deinen Text Wort für Wort, vorwärts und rückwärts oder in Silben.
2. Unterstreiche die Wörter, bei denen du unsicher bist.
3. Kannst du dir die Schreibung erklären?

S. 77

4. Wenn du nicht weiterweißt, schlage das Wort in der Wörterliste oder im Wörterbuch nach.
5. Prüfe außerdem:
   - Hast du alle Satzzeichen gesetzt?
   - Hast du am Satzanfang großgeschrieben?
   - Hast du die Punkte der Umlaute nicht vergessen?

Schleichdiktat

So geht es:
1. Lege deinen Text an eine Stelle in der Klasse.
2. Schleiche zu deinem Text.
3. Lies dir einen Satz genau durch. Merke dir den Satz gut.
4. Schleiche zurück zu deinem Platz.
5. Schreibe den Satz aus dem Gedächtnis auf.
6. Schreibe so den ganzen Text ab.
7. Hole den Text leise zu deinem Platz. Überprüfe ihn Wort für Wort und verbessere Fehler.

Texte überarbeiten

S. 28, 29, 88

Texte werden besser, wenn man sie überarbeitet.
- Lies dir deinen Text selbst vor.
  Unterstreiche mit Bleistift die Stellen,
  mit denen du nicht zufrieden bist.
- Versuche, die Stellen zu verbessern.
- Lies die Geschichte einem Partner vor.
  Stelle ihm Fragen. Hat er alles verstanden?
  Überlegt gemeinsam, wie ihr die Geschichte noch besser machen könnt.

Wörter in der Wörterliste oder im Wörterbuch finden

In der Wörterliste kann man nachschlagen, wie Wörter geschrieben werden. Die Wörter sind in der Wörterliste zuerst nach dem Anfangsbuchstaben geordnet, dann nach dem zweiten, dann nach dem dritten usw. In der Wörterliste und im Wörterbuch stehen die Wörter immer in der Grundform.

Wörter üben

S. 15

So kannst du Wörter üben:
- Schreibe schwierige Stellen farbig nach.
- Schreibe das Wort mit Silbenbögen auf.
- Schreibe das Wort in Geheimschrift.
- Buchstabiere das Wort.
- Schreibe einen Satz mit dem Wort.
- Experimentiere mit dem Wort.

Kapitelname	Sprache betrachten/reflektieren	Rechtschreiben	schriftliches Sprachhandeln	mündliches Sprachhandeln	Übungsseiten
Los geht's S. 4–9	Silbe **(7)** kurze und lange Selbstlaute **(7)**	Nachschlagen aller Wortarten, Wörter ordnen **(6)** *st* und *sp* üben **(6)** kurze und lange Selbstlaute, Doppelkonsonanten **(7)** Texte richtig abschreiben **(8)**	Ferienwörter schreiben **(4–5)**	über Planung und Durchführung einer Ferienausstellung sprechen **(4–5)** sich über einen Ferienort informieren **(5)**	Nomen und Artikel, Verben und Grundform, Wörter alphabetisch ordnen und nachschlagen, Doppelkonsonanten, Abschreibtext **(9)**
Ich und wir S. 10–17	Großschreibung von Nomen und Satzanfängen **(13)** Einzahl, Mehrzahl, Artikel **(13)**	Fehler finden **(14)** Wörter üben **(15)**	Mitteilungen aufschreiben **(13)** Wörterturm/Akrostichon schreiben und gestalten **(16)**	Klassengespräche führen, Gesprächsregeln und -verhalten **(10–11)** miteinander sprechen, Gesprächsverhalten reflektieren **(12)**	Partnerdiktat mit Halt-Schritt, Fehler finden, Nomen und Artikel, Wörter mit *pf*, Abschreibtext **(17)**
Fit und fair S. 18–25	begriffliche Einführung: verwandte Wörter **(21)** Adjektive vor Nomen, Adjektivendungen **(23)** zusammengesetzte Nomen, begriffliche Einführung: Grundwort, Bestimmungswort **(24)**	über Rechtschreibung sprechen: Duden-Karten **(20)** Auslautverhärtung, verwandte Wörter **(21)**	ein Rezept schreiben (Arbeitsanweisung) **(22)**	faires und unfaires Verhalten **(18–19)** Rezept: eine Arbeitsanweisung schreiben **(22)**	Duden-Karten, Nachschlagen, Fragediktat, Komposita (Nomen), Adjektive vor Nomen, Adjektivendungen, Abschreibtext **(25)**
Detektive S. 26–31	Großschreibung auf der Satzebene/ Nominalgruppe **(30)**	Merkwörter **(29)** Großschreibung **(30)** Wörter mit *v*, *qu* und *pf* **(29)** Merkwörter (Fremdwörter) **(29)**	Geschichten planen, schreiben und besprechen **(28–29)** verschiedene Satzanfänge **(28–29)**	Detektivgeschichten erzählen **(26–27)**	Großschreibung, Wörter mit *v*, *qu* und *pf*, Satzarten, Satzzeichen, Abschreibtext **(31)**
Erfinden, planen, bauen S. 32–39	Wortbausteine, begriffliche Einführung: Wortbausteine, Vorsilbe, Nachsilbe **(34)** Präpositionen **(35)** Großschreibung **(37)** Wortfamilie *fahren* **(38)**	Großschreibung von Nomen **(37)** Wortfamilie *fahren* **(38)**	Berufe **(35)** eine Bauanleitung mit Bildern folgerichtig schreiben **(36)**	ein Vorhaben beschreiben **(32–33)** Berufe **(35)** eine Bauanleitung mit Bildern folgerichtig schreiben **(36)**	Nomen, Verben, Wortbausteine, Begründung von Rechtschreibung (Duden-Karten), Wortbaustein *fahr*, Abschreibtext **(39)**
Medien S. 40–47	Oberbegriffe **(42)** Steigerung von Adjektiven, begriffliche Einführung: Steigerung, Grundstufe, 1. und 2. Vergleichsstufe **(43)** Personalformen, begriffliche Einführung: gebeugte Verbform, Personalform **(45)** Wortfeld **(45)**	doppelte Selbstlaute **(44)** Silbentrennung am Zeilenende **(44)** Wörter mit *ck* und *tz* **(46)**	Oberbegriffe **(42)** Argumente schriftlich sammeln **(42)**	Fernsehsendungen, Nutzen einer Programmzeitschrift **(40–41)** sich eine Meinung bilden und begründen **(42)**	Oberbegriffe, Steigerung von Adjektiven, doppelte Selbstlaute, Silbentrennung, Personalformen, Wörter mit *tz*, Abschreibtext **(47)**
Früher und heute S. 48–55	Vergangenheitsformen, begriffliche Einführung: Perfekt, Präteritum **(51)** Gegenwart und Vergangenheit **(52, 54)** begriffliche Einführung: Präsens **(52)**	Anredepronomen im Brief **(50)** lange Selbstlaute mit und ohne *h* **(52, 54)** Wörter mit langem *i* **(53)**	einen Brief schreiben und gestalten **(50)**	als Oma ein Kind war: Leben in den 50er-Jahren **(48–49)** ein Vorhaben planen **(50)**	Wörter mit *i* und *ie*, nachschlagen, seine Meinung begründen, Zeitform Vergangenheit, Abschreibtext **(55)**
Märchen erzählen und spielen S. 56–61	Gefühlsadjektive **(58)** wörtliche Rede, begriffliche Einführung: wörtliche Rede, Doppelpunkt, Redezeichen **(59)** Wortfeld *sagen* **(60)**	silbentrennendes *h* **(60)**	Märchensätze **(59)** Sätze zum Wortfeld *sagen* **(60)**	szenisches Spielen **(56–57)** Erzähltechniken und -hilfen **(56–57)** Sprechen als Ausdrucksmittel, Gefühle ausdrücken **(58)** Redewendungen aus der Märchenwelt **(59)**	Wortfeld *sagen*, wörtliche Rede, silbentrennendes *h*, Silbentrennung, Abschreibtext **(61)**
Projekt: Der Schrift auf der Spur S. 62–65	deutsche Schriften, Schriftentwicklung, Schriftkultur, Schreibunterlagen und Schreibgeräte, Wirkung verschiedener Typografien, Schrift gestalten, besondere Schriftzeichen: Gebärdenzeichen, Morsealphabet und Prickelschrift				
Wikinger S. 66–73	Perfekt **(68)** Präteritum **(69)** unregelmäßige Steigerung **(71)**	siehe Übungsseiten	mit dem Runenalphabet schreiben **(70)**	eine Landkarte lesen **(66–67)** Informationen vorstellen **(70)**	Vergleiche/Adjektivsteigerung, alphabetisch ordnen, Großschreibung **(72)** Wörter mit *tz* und *ck*, doppelte Mitlaute, Wortbausteine, Abschreibtext **(73)**